日経文庫
NIKKEI BUNKO

日本企業のガバナンス改革

木ノ内敏久

日本経済新聞出版

はじめに――ガバナンスとは何か

「良いガバナンス」について考えてみると……

本書は2015年に本格的に始まったコーポレートガバナンス改革に関する入門書です。最近、企業や団体などで不祥事や内紛などが起こるたびに「あの会社はガバナンスが悪い」、「組織としてのガバナンスがなってない」という言い方で批判されることが増えてきたように感じます。ガバナンスとはそもそも何でしょうか。

コーポレートガバナンスは日本語で「企業統治」と一般に訳されます。統治と聞くと、何か「上から目線」の響きがありますが、もともとは大きな船の舵を取るという意味のラテン語Guvernareが語源でここから英語のGovernance（ガバナンス）が生まれたそうです。

企業という船が将来に向かって進む際に、その進路を間違えないようにすることをコーポレートガバナンスであるととらえれば、小難しいイメージが少しは和らぐかもしれません。

ご存知の通り、第二次安倍晋三政権は企業の競争力強化を目的にコーポレートガバナンス改革をスタートさせました。ガバナンスを強化すると企業にどんなメリットがあるのでしょうか。業績が良くなるのか、不祥事がなくなるのか。人によってガバナンスと聞いて思い浮かべるイメージは様々です。逆に言えば、だからこそ企業で何か好ましからざる問題が起こると、その原因を一言で片付けるマジックワードとして「ガバナンス」が持ち出されます。しかし悪い悪いと批判してそこで思考停止してしまっては何の解決にもなりません。

そこで、問いの仕方を変えて「良いガバナンス」とは何かを考えてみましょう。

一橋大学の藤田勉特任教授（元シティグループ証券副会長）は、資本市場での長いキャリアを基に、それを「社会と調和しつつ、長期的な利益成長と株価の上昇をもたらすこと」と定義します。

社会と調和するというのは、その会社が不祥事などを起こさず、社会からリスペクト（尊敬）されることです。そして会社が利益を増やせば、従業員の給料や雇用が増え、設備投資や研究開発投資、納税額が増えて取引先から地域社会まで広く社会還元が進んでステークホルダー（企業の利害関係者）すべてが潤います。

「株式会社とは、株主を中心とした多くのステークホルダーのものであり、その利益を最大化する状態が優れたガバナンス」と藤田氏は定義します。

コーポレートガバナンスの議論に先鞭をつけた英国のキャドバリー報告書（1992年）は、企業のガバナンスを「会社を指揮し、管理するためのシステム」と定義しました。

同報告書によれば、ガバナンスとは経営の規律そのものであり、経営目標を達成する大前提として上場企業はその目標にふさわしい経営体制を作ることが求められます。企業を良くするためにはまず、経営の体制を良くしなければならないというわけです。本書もコーポレートガバナンスを基本的にこの2つの考え方でとらえていきます。

ガバナンスは人事と金

基本のキで恐縮ですが、株式会社では会社持分の所有者である株主が取締役を選び、株主から負託された取締役が経営陣を監督します。経営者はビジネス戦略を立てて適切な人員配置をするなど、日々の業務執行を行います。ガバナンス（統治）とマネージメント（経営）は、このように本来別物ですから、取締役と経営陣は別々であることが望ましい。

ところが従来の日本の取締役会は、内部昇進の役員が取締役を兼務し、執行部（経営陣）と取締役会がほぼ一心同体だったため、企業を統治するという意識が相当低かったのです。コーポレートガバナンスの水準が国際的に見て極めて低いことが日本株の評価を下げる一因であるとの反省からガバナンス改革は始まりました。

世界のどこでもガバナンス論は、人とお金の問題に最後には収斂《しゅうれん》します。人の問題とは、株主の利益を代表する取締役会がどのような構成で社長を監督し、場合によっては経営陣を刷新する（社長の首を切る）仕組みがあるかどうか。お金の問題というのは経営陣にどんなインセンティブ（誘因）を与えて企業価値向上を実現させるかの話です。

結果を出した経営者には報い、結果が出なかったり、会社の私物化などおかしな行動をとったりした経営者には責任を取って辞めてもらう。これがガバナンスの基本です。

これは口で言うのは簡単ですが、いざ実行するとなると難しい。会社には経営者、株主、従業員、地域社会など様々なステークホルダーがいて利害の一致が難しいからです。これら関係者の利害にどう優先順位をつけるかの一般に合意された基準というものはありません。ときにはステークホルダーが各々の利益を主張するあまり、衝突する場合すらあります。

このように本質的に不安定な要素をはらむ株式会社という組織形態に均衡を与えることこそ、ガバナンスの要諦なのですが、会社を経営者や従業員のものだとする「会社共同体」的な考え方が根強くある日本では、その重要性が海外に比べ十分に認識されてこなかったのです。

ガバナンスは「法」だけの問題ではない

法律学を学んだ人なら、日本には会社の基本法である「会社法」や、投資家保護のための正しい情報開示（ディスクロージャー）などを定めた「金融商品取引法」や、証券取引所のルールがあるから、こうした法律の規制や強制力で経営者を律することが十分可能ではないか、と考える人がいるでしょう。

しかしガバナンスは「法」の問題に尽きるわけではありません。法律だけではなく、それぞれの国の歴史、風土や思想、商慣行などの総体で企業統治のパターンが決まってきます。

また一国の市場内部でも企業によって様々なガバナンスの形があります。

ガバナンスに唯一絶対の正解はなく、どの企業も利害関係者と利害関係者の間でその都度折り合いをつけながら組織を回しています。そして時には、会社支配権をめぐるステークホルダー同士の対立や社内抗争などドロドロした人間模様が繰り広げられるのも、ガバナンスの面白いところです。

ただ、一つ言えるのは、どのようなガバナンスの形態であれ、企業経営には公正さと透明性が不可欠ということです。不正なやり方で利益を上げたり、権力者が会社を私物化したり人事を蹂躙すれば、こうした行為はいずれ外に漏れ、株価が下がって投資家は損失を被ります。

一部の人間だけが得をするのではなく、企業の関係者全員がフェア（公正）だとみなせる正当性や正義の体裁がなければ、上場企業は社会や資本市場から信頼を得られません。経営者は「持続可能な合理的な経営」、「説明可能な経営」を厳しく求められる時代を迎えたのです。

こう考えてくるとコーポレートガバナンスとは結局、経済学的には投資家の信頼を確保するための企業によるプラグマティック（実際的）な対応や慣行の総称であり、公正さと透明性は会社が組織としての健全性を保つ上での法的な手法とまとめることができるでしょう。

本書は大学で会社法や経営・経済学を学ぶ学生のみなさんや、企業経営や株式投資に関心をもつビジネス人を主たる読者層に想定していますが、良い経営によってもたらされる成長の果実は、その企業の株を保有する年金基金などを通じて、国民全体に広く行きわたります。その意味でガバナンス改革は誰にとっても他人事ではありません。

本書をお読みになった方々がそれぞれのご関心や問題意識に引きつけて企業のあり方を考える一助になれば、と願っています。

２０２０年12月　木ノ内敏久

日本企業のガバナンス改革　目次

第1章 アベノミクスは何を変えたか

第2章 東芝不祥事の教訓――堕ちた「優等生」

第3章

ファミリー企業の光と影
——ガバナンス改革のヒントに

第4章

牙むくアクティビスト

――会社と株主、変わるパワーバランス

第5章

親子上場の是非

エピローグ

「脱株主主権」と日本

＊本書の内容はあくまで筆者個人の視点で描いたものであり、所属する新聞社の公式見解ではないことをお断りしておきます。登場人物の肩書きは取材時のものです。

第1章

アベノミクスは何を変えたか

2012年末に成立した第二次安倍晋三政権は、「大胆な金融政策」「機動的な財政政策」「民間投資を喚起する成長戦略」という「三本の矢」を同時展開するアベノミクス（安倍政権の経済政策）を打ち出し、コーポレートガバナンス（企業統治）改革を成長戦略の中心に据えました。そして企業の成長性を測る物差しとしてROE（株主資本利益率）8％を目標値として設定し、資本市場の圧力により企業行動を変えることを目指しました。

ROEとは自己資本（純資産）に対してどれだけの利益を上げているかを示す財務分析の指標で収益力の良し悪しを判断できます。収益が上がれば、設備投資や研究開発に回る資金を増やせるほか、従業員・家計の所得が向上し、ひいては国民経済全体の利益につながります。経営者がROEを意識するということは、資本コスト（株主の期待収益率）を意識することを意味し、ROEが高い企業は株主を重視した経営を行っていると評価されることになります。

アベノミクスの問題意識の背景にあったのは、バブル崩壊に始まる日本経済の長期的低迷の一因が、コーポレートガバナンスの機能不全に起因するという考えです。いわゆる「失われた20年」で明らかになったのは、国際的に見て著しく低いROE、M&A（合併・買収）

や事業再編の停滞、過剰な現預金保有とその裏返しである設備投資の低迷でした。日本企業の多くは業績が悪化しても正社員の首を簡単に切れないため、経営の刷新が遅れたり、配当などの株主還元を抑制したりする傾向にありました。

こうした保守的、内向きの経営者が多いのは、株主よりも従業員や安定株主、メインバンクとの関係を重視した日本特有の企業統治の仕組みに原因があるとして、経営者をリスク回避的にさせる旧来のガバナンス体制を転換させ、日本経済の復活につなげようとしたのです。２０１４年の政府の「日本再興戦略」はガバナンス改革の目的をこう述べています。

日本企業の「稼ぐ力」、すなわち中長期的な収益性・生産性を高め、その果実を広く国民（家計）に均てんさせるには何が必要か。まずは、コーポレートガバナンスの強化により、経営者のマインドを変革し、グローバル水準のＲＯＥの達成等を一つの目安に、グローバル競争に打ち勝つ攻めの経営判断を後押しする仕組みを強化していくことが重要である。（中略）内部留保を貯め込むのではなく、新規の設備投資や、大胆な事業再編、Ｍ＆Ａなどに積極的に活用していくことが期待される。

この大方針に基づき、2014年に投資家の行動指針である『『責任ある機関投資家』の諸原則《日本版スチュワードシップ・コード》」が、翌年の2015年には上場企業の行動原則である「コーポレートガバナンス・コード（企業統治指針、以下ガバナンス・コード）」がそれぞれ導入されました。両コードは投資家と上場企業にそれぞれプレッシャーをかけることで最終的に企業価値を向上させる、つまり株価を引き上げることを意図していました。

スチュワードとはもともと「家の中の監督者」という意味。そこから、託されたものを責任をもって管理・運用する「スチュワードシップ」という用語が生まれました。資産運用会社などの機関投資家は年金基金などから将来の老後に備えた国民の大切な資金を預かり運用します。この受託者責任を適切に果たすためスチュワードシップ・コードは、①スチュワードシップ責任を果たすための明確な方針の策定と公表、②（顧客との）利益相反を防ぐための明確な方針策定と公表、③議決権行使（株主総会での投票）の方針と行使結果の公表——など7原則を定めました。

コードの求めに従い、機関投資家は議決権行使における方針を策定しました。具体的には①取締役選任議案における収益性基準の導入、②統治体制の強化、③株主還元基準の設定、④買収防衛策に反対――などです。

たとえば①については議決権行使アドバイザーの米ＩＳＳ（インスティテューショナル・シェアホルダー・サービシーズ）が取締役選任議案の可否にＲＯＥ基準を取り入れ、「ＲＯＥが過去５年連続で５％を下回る企業の経営トップの選任に反対する」との推奨ルールを導入。他の機関投資家や投資顧問会社も同様の基準を設定して後に続きました。
②の統治体制では、複数の社外取締役の選任を求めました。③の株主還元は、「平均配当性向３割以上」を取締役の選任議案に賛成する条件とするといった内容です。このように株主権を行使して経営者に圧力をかけることがスチュワードシップ・コードの主眼と言えます。

9割の企業が独立取締役選任

一方、ガバナンス・コードはその冒頭で「『コーポレートガバナンス』とは、会社が、株主をはじめ顧客・従業員・地域社会等の立場を踏まえた上で、透明・公正かつ迅速・果断な意思決定を行うための仕組みを意味する」と定義し、取締役会の運営方針や手続きなどを細かく規定しています。

5つの基本原則（株主の権利・平等性の確保、株主以外のステークホルダーとの適切な協働、適切な情報開示と透明性の確保、取締役会等の責務、株主との対話）があり、その下の基本原則に付随した30の原則および、38の補充原則を合わせて合計73項目で構成されています。

特に上場企業のガバナンス体制に影響を与えたのは、原則4－8の「独立社外取締役の有効な活用」、すなわち独立取締役2人以上という基準です。コードは独立取締役がいない場合は選任しない理由の説明を企業に求めました。

独立取締役とは会社と利害関係のない社外取締役のことです。社外取締役には親会社やメインバンクから派遣された人もいますが、こうした人たちは「独立性がない」とみなされ、独立取締役にはカウントされません。受託者責任の観点で見ると、取締役会は株主から負託されたキャピタル（出資金）の管理者です。独立取締役は一般株主の代表として経営陣がきちんと経営をしているか代わりに監視する責務があるとされています。

直近のデータ（2020年9月時点）では東京証券取引所1部上場企業の95・3％が2人

図表1-1　2人以上の独立社外取締役を選任している企業の割合

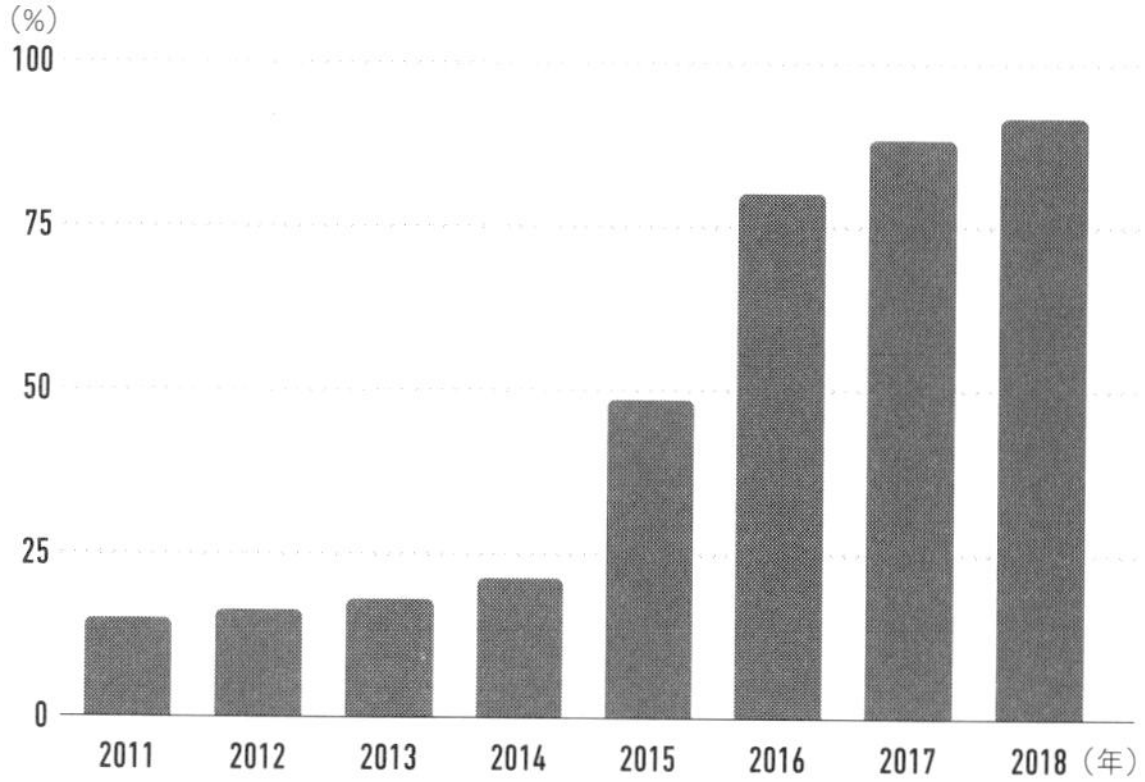

出所：東京証券取引所　注：東証1部上場

以上の独立取締役を選任し、「全取締役の3分の1以上」の独立取締役を選任する企業は、同じ東証1部で58・7%にまでなりました。しかし米国では証券取引所の上場規則によって、取締役会の過半を独立取締役にすることが義務付けられています。海外投資家の目から見ると、日本の取締役会の独立性の低さは依然、グローバルスタンダードから大きくかけ離れています。

先にも触れた通り、両コードが導入された背景には、日本的な古いガバナンス体制への批判がありました。そこでアベノミクスは次のような論理構造を組み立てました。第一に、日本企業が収益低迷にあえぐ根本原因が、保守的な企業マインドにあるとしたら、経営を「攻め」に変えるものとしてのガバナンスの改革が必要である。通常、ガバナンスは法令遵守や経営者の暴走を防ぐといった「守り」の側面と、果敢にリスクテイクして収益を追い求める「攻め」の側面があります。アベノミクスが重視したのは後者です。

第二に、投資家・株主といった資本市場の圧力を取締役会改革に積極的に利用することです。会社法は、利益の最終的な帰属者である株主に、取締役を選解任し、配当を得る権利などを与えており、株主は会社のあり方を最終的に決めるいわば主権者です。そこで株主の代表として独立取締役を、内部昇進者で固まった閉鎖的な取締役会に送り込んで風通しを良くし、企業の内側から経営者にプレッシャーをかけて企業価値（株主価値）を高めることを目指しました。

コーポレートガバナンスのあり方いかんが、企業の競争力（ひいては国力）や業績パフォーマンスに影響を与えるという考え方は実証的には証明されていないのですが、世界共通の認識となりつつあります。国の経済政策の重要な制度的インフラとして世界各国で会社法やガバナンス・コードの強化・改定が進んでいます。

英国では1992年のキャドバリー報告書が、上場企業の取締役会では1人の人間が独占的な力を占めるべきではないとして、少なくとも3人の独立取締役を置くように勧告したのが契機になり、今では同国の上場企業はどこも半数以上の独立取締役を置くようになりましたし、米国も1970年代や2000年代初頭の企業不祥事を契機に、社外取締役による監視機能が重視され、取締役の大半を独立取締役が占めるようになりました。

内部昇進の経営者が取締役を兼務し、取締役会と経営陣とが一心同体だった日本でも、2015年に施行した改正会社法では取締役会の新たな機関設計として「監査等委員会設置会社」が導入され、社外取締役の選任が進みました。2019年の会社法改正では、株主の影響力をより強化する目的で、上場する大企業に社外取締役の最低1人の設置が義務付けられました。

機関投資家の存在感強まる

ただ、アベノミクスによって日本の企業統治システムが一足飛びに不連続な変化を遂げたわけではありません。助走とも言える変化が2000年代から徐々に進んでいました。

1つは株式所有構造の機関化です。1990年代のバブル崩壊や1997年の金融危機を契機に、金融機関は不良債権処理の原資を工面するために、保有する持ち合い株式を放出し始めました。銀行に代わって株式所有比率を高めたのが海外の機関投資家や投資ファンドでした。メインバンクや事業法人との株式相互持ち合い、内部昇格の従業員出身者だけで固めた取締役会といった日本型の古い統治システムは徐々に崩れていったのです。

全国の証券取引所がまとめる投資部門別の「株式分布状況」によると、「外国法人」および「信託銀行」の株式保有割合（これは、概ね国内外の機関投資家の株式保有比率に相当）は、バブル真っ盛りの1990年度には14・5％にすぎなかったのに、2017年度には50・7％と初めて半数を超えました。一方、「都銀・地銀等」「生命保険会社」「損害保険会社」「事業法人等」の株式保有割合の合計（これは、概ね旧来型の安定株主の比率に相当）は、同期間内に61・6％から29・5％へと半減しています。

後者が株式からの直接のリターンよりむしろ、その会社との取引関係を維持・強化する目的で保有する「インサイダー株主」であるとしたら、前者は株式保有の目的が投資収益の最大化にある「アウトサイダー株主」です。インサイダー株主の比重が高かった日本の株式

図表1-2　株式所有構造の変化

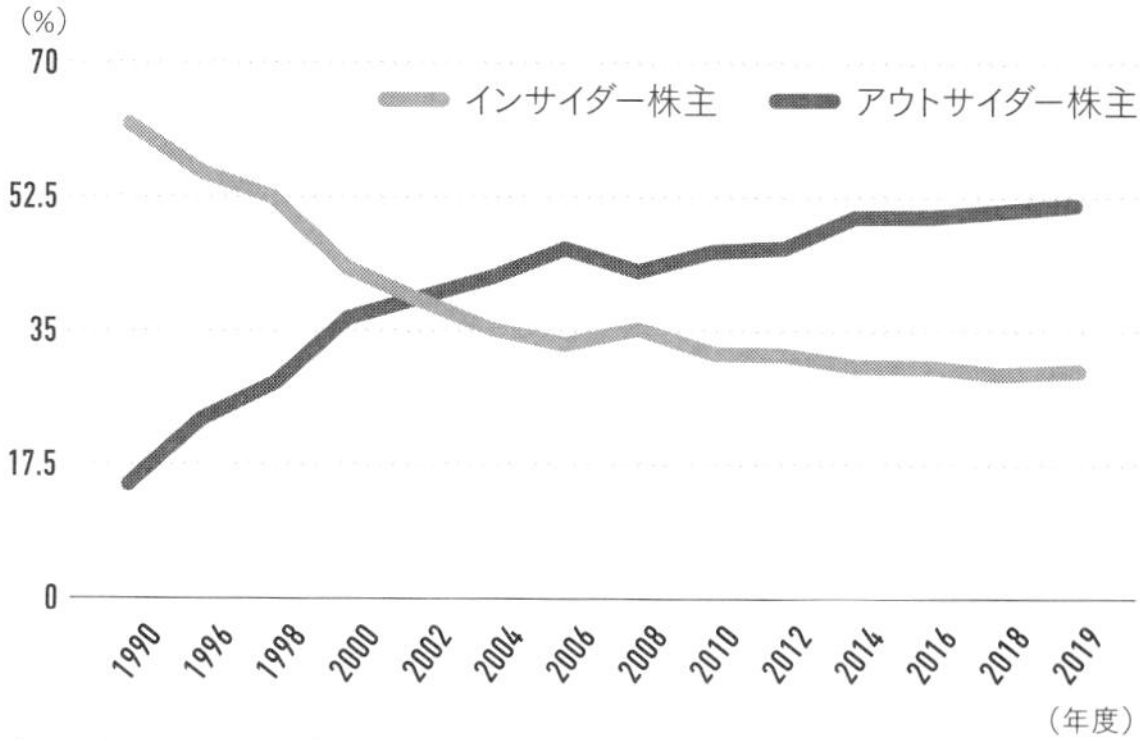

出所：全国証券取引所「株式分布状況」
注：インサイダー株主は都銀・地銀＋生保＋損保＋事業法人、アウトサイダー株主は外国法人＋信託銀行、個人はアウトサイダー株主に入れるべきだが、比率が2割前後でほぼ安定しているので除外して計算

所有構造がアウトサイダー優位に転じたのは2002年度のことです。

株式所有構造の変化は、機関投資家による議決権行使という形で経営の規律付けに重要な役割を果たすようになりました。生損保など日本の機関投資家の多くは「物言わぬ安定株主（サイレントパートナー）」としてふるまい、経営陣の出す議案に反対票を投じて衝突することなどありませんでした。

ところがアウトサイダー株主は投資先企業の経営に不服なら、取締役選任議案や買収防衛策に容赦なく反対票を投じるか、退出（株を売却）します。機関投資家のこうした明示的な行動により、上場企業の経営者は安定株主に頼って株主総会を乗り切ることが難しくなってきたのです。2000年代半ばの旧村上ファンドなどアクティビストファンド（物言う株主）の活発な行動はこうした構造変化と軌を一にしていました。

トヨタなどでも社外取締役起用が本格化

日本企業のガバナンス体制がどう変わっていったのかを次に見ていきましょう。

東証1部上場企業で独立社外取締役を導入している企業は、ガバナンス改革が始まる前の2014年には2割にとどまっていました。それが今では9割を超え、大半の企業が複数の独立取締役を置くようになりました。先にも触れたように、ガバナンス・コードは上場企業に少なくとも2人以上の独立取締役の選任をベストプラクティス（最も望ましい実践）として求めています。

過去の日本企業の取締役会は内部昇進の取締役が中心で、社外取締役を積極的に導入するのは、日本で初めて執行役員制度を1997年に導入したソニーや資生堂など、ごく一部の先進的な企業に限られていました。トヨタ自動車や新日本製鉄（現日本製鉄）など経団連会長を輩出する、いわゆる財界企業はどこも内部出身者中心の取締役会でした。

当時のトヨタ自動車の社長は「社外取締役は現場重視の日本の社風になじまない」と反論。経団連も2010年に社外取締役の義務付けに反対する姿勢を示す報告書を発表しました。ところが、両コードが導入される前後のタイミングで、トヨタ、新日鉄、キヤノンなどが雪崩を打って社外取締役を迎え始めたのです。ガバナンス・コードに強制力はないとはいえ、「法」の威力は絶大でした。

米国の研究によると、社外取締役が過半を占める企業では、内部ガバナンスが向上し、業績悪化時に経営者が交代する確率が、社外取締役が過半に満たない企業よりも高く、社外取締役が経営者の監視役を果たしていることが明らかになっています。

生え抜きの「社内取締役」は社外取締役よりも社内の実情を知っていますが、人事権を握る社長に頭が上がらず、実効性のある監督や批判ができません。そこで経営者と利害関係のない社外取締役が監視役を果たして牽制機能を発揮することが期待されるのです。機関投資家の保有比率の増加に対応した取締役会改革（社外者によるモニタリングの強化）は世界的なすう勢です。

指名・報酬委員会の設置増える

社外取締役導入の必然的な流れとして、取締役会の構造はモニタリングボード化の方向に大きくシフトしました。経営陣へのモニタリング機能を高めるため、取締役候補を決める指名委員会や、報酬のあり方を決める報酬委員会を設置する企業が増えました。現在では東証1部上場の6割前後の企業が指名委員会・報酬委員会を備えています。

具体的な例として三井物産を見てみましょう。同社は、取締役会とは別組織として、経営の監視役である監査役を置く「監査役会設置会社」で、法律上は指名委員会や報酬委員会を置くことは義務付けられていませんが、同社はこの2つの委員会を任意組織として独自に設け、さらにガバナンス体制を審議する「ガバナンス委員会」も任意で置いています。各委員会の目的は次のようになっています。

指名委員会「取締役・執行役員の指名に関して、その選解任基準や選解任プロセス、最高経営責任者（CEO）等の後継者計画を策定し、また、取締役人事案に対する評価

を行うほか、取締役及び執行役員の解任につき審議する」
報酬委員会「取締役・執行役員の報酬・賞与に関し、その体系・決定プロセスの検討並びに役員報酬案に対する評価を行う」
ガバナンス委員会「当社全体のコーポレート・ガバナンスの状況や方向性等につき、社外役員の視点を交えて検討する」

同社では指名及び、報酬委員会の委員長に社外者を充てて、生え抜きの経営陣が人事や報酬といった重要案件を壟断《ろうだん》できないようにしています。同社の独立社外取締役は5人。全取締役14人の3分の1以上を独立取締役で占め、「3分の1以上」を求めるガバナンス・コードの要請を満たしています。

会社法の最も基本的な考え方は、株主が会社の所有者として経営者を選ぶ点にあります。社長は株主の負託を受けた取締役会で任免されるのが建前ですが、多くの日本企業ではトップ人事は社長の専権事項とみなされ、現職の経営者が後継者を決める慣行が長く続いてきました。

また経営者になる人材は、基本的に社内から選抜され、取締役会は社長が出してきた人事案を形式的に追認する機関にすぎませんでした。後継者が会社の業績を悪くしても、後継者選びの失敗について、後継指名した前任者の責任が問われることもなく、責任の所在が不透明でした。

一方、米欧では株主の利益代表である独立取締役が業績の振るわないトップの首を容赦なく切り、適任者を探す実務が定着しています。有名なのはＩＢＭのＣＥＯ解任劇です。１９９０年代に入り、ＩＢＭは汎用コンピューターの不振にあえぎ株価が低迷しました。そこで取締役会は当時のジョン・エイカーズ会長兼ＣＥＯを解任し、食品会社ＲＪＲナビスコのルイス・ガースナーＣＥＯを招聘して、機器売り（ハード）からソフト・サービス企業への大転換を果たしました。アップルは一度同社を放逐された創業者のスティーブ・ジョブズ氏をトップに迎え、２０００年代に見事な復活を遂げました。

有事にこそ社外取締役の出番

企業統治とは本書の「はじめに」で述べた通り、経営者の任免と牽制を通じて、経営者による権力の乱用を防ぎ、良い経営が行われるようにする仕組みや慣行であるとすれば、監督の要として独立取締役の役割が最も期待されるのがトップの選解任です。

なぜならガバナンスが有効に機能しているかどうかは、平時にはそれほど注目されず、不祥事や権力争いなどの有事ににわかにクローズアップされるからです。

ガバナンスに詳しい経営共創基盤の冨山和彦会長は社長が後継者を選ぶ日本の古い選任方法を批判します。「現役の社長はバイアスや感情が入り、後継者を中立公正には選べない」。

経営者の流動性が低い日本では、現役社長にとっても後継者を選ぶのは初めての体験だし、社長になる人もこれまた初めての経験です。「『初心者が初心者を選ぶ』という日本型のトップ選任のプロセスは極めて危うい。だから社外取締役による牽制が必要になる」と冨山氏は指摘します。

冨山氏が社長指名諮問委員会の委員長としてトップの選任に主導的な役割を果たしたのがオムロンです。オムロンでは社長に後継者指名の権限がありません。権限を持つのは社長指名諮問委員会だけです。同委員会は3年の年月をかけて社長候補全員を品定めし、現在の山田義仁社長を選んだそうです。

重電メーカーのＩＨＩは任意の指名諮問委員会を設けています。６人の委員のうち４人は社外取締役で、同委員会の決定を無視して取締役会で違う人物をトップに選ぶ場合は、社長に改めてその理由を説明させる規定を設けました。経営者の恣意によって人事が決まる弊害を防ぐためです。「トップ選任の手続きを透明かつ、明確にすることが、株主への説明責任を果たすことにつながる」と同社は説明します。

ただ、「形式」が先行し「中身」が伴っていない企業も少なくありません。欧米で指名委員会が一般化したのは「トップ人事は現役のＣＥＯに任せてはおけない」という危機管理が働いたからです。

ところが日本では指名委員会を設ける企業は増えたものの、実態はトップが推した候補を追認するだけに終わっている例も少なくありません。独立取締役が健全な牽制機能を働かせ、現役経営陣の影響を排したトップ選解任のプロセスを確立することは多くの大企業で課題であり続けています。

「事なかれ主義」の役員報酬

次に役員報酬がどう変わったかを見てみましょう。日本の問題点としてよく挙げられるのは、金銭の固定報酬比率の高さです。外資系人事コンサルティング会社のウイリス・タワーズワトソンが日米欧企業のCEOの報酬を調べたところ、日本は固定報酬が全体の6割を占めるのに対し、米英企業では8～9割が業績連動の賞与と株式報酬から成っていることがわかりました。

株式報酬とは、金銭ではなく、業績向上に応じてその企業の現物株を役員に与えるものです。株式保有は、株主の利益に沿った行動を経営者に促す重要なインセンティブになります。報酬が金銭から株式中心に変わることで、株主と利益・利害が共有され（これをセイムボート＝同じ船に乗って運命共同体になる＝と言います）、経営者の努力水準を引き上げて持続的な成長を促す効果が期待されています。

一方、固定報酬のウエートが大きいと、新規プロジェクトが成功した場合の見返りが小さい割に、失敗したときの不利益が大きくなります。経営者が在任中にリスクに果敢に挑むよりも「事なかれ主義」に徹し、任期を無事に全うすることを最優先するような動機付けになっていると、かねてより批判がありました。

「日本の社長は中長期の視点で経営すると言われているが、その報酬は極めて『短期志向』になっている」と東大の田中亘教授（会社法）は指摘します。ガバナンス・コードが中長期の業績と連動する株式報酬の導入を求めているのも、株主と同じ目線に立たせて経営者を持続的成長の実現に向けさせるためです。

日本ではこれまで役員の地位は会社員の出世スゴロクの延長線上でとらえられてきたため、経営戦略の視点で従業員とは異なる独自の報酬体系が必要だという声は皆無でした。せっかく取締役になっても基本的にサラリーマン時代と同じ報酬体系だったら、誰もリスクを取りたがらないでしょう。経営者に健全なリスクテイクを促すガバナンス改革は、役員報酬の業績連動性を高めることで、良好な企業業績を達成した企業が資本市場から高い評価を受けるという好循環を作ることを目指しているのです。

経営者は株主の代理人

この考え方の理論的支柱となっているのが、「エージェンシー理論」と呼ばれる現代のガバナンス理論です。1932年に米国の法学者のバーリーと経済学者のミーンズは*The Modern Corporation and Private Property*（『近代株式会社と私有財産』）で、株式所有が分散化した現代の大企業では、株主に代わって経営者が実質的な会社支配権を手中にするパワーシフトが起こることを示しました。

2人は1929年時点の米国の大企業上位200社の株式所有構造を分析し、企業が巨大化して株式保有が分散するのに伴い、株主の監督機能が弱まり、経営者が自己利益（たとえば金銭や名声）を追求するなど、経営のモラルハザードが生じていると指摘したのです。これを「所有と経営の分離」と呼びます。

所有と経営が分離した企業においては、経営者は株主の代理人（エージェント）とみなせます。経営者は本来は株主のために一生懸命に働くべきですが、経営者と株主は別人格なので利害が必ずしも一致しません。経営者は株主・投資家の見ていないところで「手抜き」

をしたり、経営者が自らの利益のために株主利益と相反する行動をとったりして、株主に不利益を与える恐れがあります。

たとえば、企業に余剰資金があってもその資金を株主への配当に使うよりも、収益性の低い事業に投資し、経営規模を拡大することを優先するかもしれません。これを経営者による「帝国建設（エンパイア・ビルディング）」と呼びます。企業の組織形態が巨大になればなるほど、経営者に対するモニタリングコストは高まり、その分、株主の逸失利益は増えます。経営者をいかに株主のために誠実に働かせるかがガバナンスの大きな課題として浮上したのです。

バーリー＝ミーンズ以降、欧米のガバナンス理論では、プリンシパル（主人＝会社の出資者である株主）とエージェント（代理人＝経営を委託される経営者）の間でどのように利害を一致させるか、経営を他人に委ねることから発生する問題にどう対処するかが主たる課題となりました。企業統治の要諦はエージェンシー問題の解決にあると言っても過言ではありません。

経営者報酬は株主と経営者の利害対立を解消するためのガバナンスの仕組みとして海外

では早くから注目されてきました。企業がどのような戦略行動を取るかは結局は経営者の手腕にかかっているからです。

業績を向上させることで報酬が十分に増えるとしたら経営者は熱心に働くだろうし、逆に業績が上がっても下がっても報酬が特段変わらないようだと、経営者は真面目に働く意欲を失う。エージェンシーコストを下げるためには、企業業績と経営者報酬の間に強い連関があり、評価軸が中長期であること、株主と利益を共有する仕組み（株式保有など）であることが望ましいと一般に考えられています。

アメとムチの政策

日本でも2015年以降、株主総会で株式報酬の議案を諮る上場企業が一気に増えました。現在では東証1部上場企業の4割超が何らかの株式報酬制度を備えています。

株式報酬のタイプとしては、例えば、中期経営計画の最終年度までの3〜5年の期間を業績評価期間とし、その間の目標達成度に応じてあらかじめ決めておいた計算式に基づいて株式の交付数を決める「パフォーマンスシェア」や、対象期間の終了後に事前に定めた株式数を交付する「リストリクテッド・ストック」（譲渡制限付株式報酬）などがあります。後者は、役員のリテンション（他社への引き抜きを防ぐための人材引き止め策）として使われます。

「グローバル競争が激しくなるなか、欧米で一般的な株式報酬制度を備えていないと、日本企業は優秀な人材の採用やつなぎ止めで不利になる」と、報酬コンサルのHRガバナンス・リーダーズ（東京・千代田）の内ヶ崎茂社長CEOは指摘します。

グローバルに役員や上級幹部に株式報酬を導入している半導体製造装置メーカー、東京エレクトロンの報酬制度を見てみましょう。

同社は業務執行に携わる社内取締役については①固定の基本報酬、②年度ごとの業績に連動する賞与（ボーナス）、③短期業績に連動するストックオプション（株価が一定以上に上がったら新株予約権を行使できる）、④中長期の業績に連動するパフォーマンスシェア――の4つを用意。また社外取締役には①固定基本報酬、②非業績連動のリストリクテッド・ストック――の2つを設けました。

社外取締役は経営陣の監視役なので、業績連動の成果主義はそぐわないのです。かといって固定報酬だけでは監督のインセンティブを損なうので、業績に連動しない株式報酬で社外取締役のやる気を引き出そうとしています。

2019年度の同社のCEOの報酬構成割合のうち固定報酬はわずか13％で、あとの87％は変動報酬です。同社は指名委員会も設置しており、実際、2003年には指名委員会の主導により、業績が悪化した社長の後任として当時47歳のマネージャーを大抜擢しました。業績の悪い経営者の首を切り、業績を上げた経営者には相応の報酬で報いる。同社は指名と報酬委員会により「アメとムチ」を使い分けているのです。

ただ経営者報酬には思わぬ副作用があることには注意が必要です。

2008年のリーマン・ショック（世界的金融危機）が起きた背景には、金融機関の経営者に行き過ぎたリスクテイクを促した高額の経営者報酬の存在があったとされます。金融機関に自社の財務的な健全性を犠牲にさせてまで、行き過ぎたリスクテイクをさせた要因が、株価や短期業績に過度に連動させた報酬制度でした。

経営者の適切な規律付けに失敗したことが、金融危機を呼び込み、銀行の破綻や金融システムの不安定化を招いたのです。単純に業績にスライドさせるインセンティブ報酬ではなく、あとで巨額損失や不祥事が明らかになった場合には報酬を返還させるなど、長期的視点に立って経営者に健全なリスクテイクをさせる工夫が必要です。

日本では報酬額の絶対水準が低いので欧米のような高額報酬批判が顕在化していませんが、リーマン危機で明らかになったように、誤った報酬ガバナンスが経営者行動を歪ませることに注意が必要です。また経営者のインセンティブ構造を株主・投資家に情報開示することも大切です。現在は金融商品取引法の規定により、上場企業は年収1億円以上の報酬を受け取っている役員に限り、その金額の開示を義務付けられていますが、個別報酬の開示対象をさらに広げることは検討課題です。

ガバナンス改革後、ROEが改善

ガバナンス改革が本格的に始まって5年が経過しました。実際に企業行動やパフォーマンスにどのような変化があったかを最後に見ていきましょう。早稲田大学の宮島英昭教授(企業金融)と慶應義塾大学の齋藤卓爾准教授(同)は企業の決算資料を基に、ガバナンス改革が本格化した2014年以降とそれ以前を比較して、改革の効果、企業の稼ぐ力の変化を調べました。

まず株主資本利益率（ROE）です。これは純利益を株主資本（資本金など）で割った数値で資本を有効に使っているかを見る指標です。ガバナンス改革の始まる前の2012年の東証1部上場企業のROEは平均5・8％でした。米欧企業は二桁でしたから、日本企業の資本効率はとても悪く、OECD（経済協力開発機構）加盟国で最低水準でした。ところが2017年には8・6％と2・8ポイントアップし、アベノミクスの目標である8％をクリアしました。

少し専門的になりますが、ROE（純利益／株主資本）は、売上高純利益率（純利益／売上高）と総資産回転率（売上高／総資産）と財務レバレッジ（総資産／株主資本）の積で求められます（3つの式を横に並べると理解しやすいです）。

ROEを上げるには、①利益率を高める、②売上高を増やす、③自社株買いや増配で株主資本を減らすか、または負債を増やす（負債は投資や機械設備の購入などに使われて会社の資産になります）――のどれかを満たせばいいことがこの式からわかります。

3つの式のうち、財務レバレッジと総資産回転率は2012年から2017年にかけて若干低下し、ROEをむしろ引き下げていました。売上高純利益率が3・3%から5・1%に上がったことが、ROEの急上昇をもたらした原因です。この期間には円安や金融緩和の追い風を受けて利益を増やした企業が多かったのです。

問題は利益を経営者がどう使ったかです。ガバナンス改革は経営マインドを覚醒させて設備投資や研究開発投資を増やし、売上高や利益の上昇をもたらして最終的に家計所得を増やすことを目指していました。ところが、この期間中、投資はそれほど伸びず、研究開発投資の比率はむしろ低下していたのです。

稼いだ利益は株主還元に

企業が稼いだ利益がどこに向かったか。答えを先に言えば、それは主に配当や自社株買いなどの株主還元でした。2012年から2017年にかけて、株主資本総還元率（配当と自社株買い／株主資本）は2・4%から3・5%へと1・1ポイント伸びています。これは先に触れたROEの伸び（2・8ポイント増）の4割を占めます。経営者は利益の増分を、配当や自社株買い（自社株を買うと株価上昇の効果があります）に回したのです。では、残り

図表1-3　企業の利益・人件費・設備投資の推移

年度	経常利益	従業員給与・賞与	設備投資	配当金	現預金
2009	17.9兆円	41.3兆円	17.4兆円	7兆円	40.9兆円
2018	48.2兆円	43.9兆円	24.7兆円	18.9兆円	66.6兆円
増加分	30.3兆円	2.6兆円	7.3兆円	11.9兆円	25.7兆円
	（170%増）	（6%増）	（42%増）	（170%増）	（63%増）

出所：「法人企業統計」より経産省作成

はどこに使ったかというと、従業員の賃金ではなく、内部留保の蓄積に主に向かいました。

こうした傾向は別のデータでも裏付けられます。経済産業省が「法人企業統計」から作成した大企業の企業業績動向を見ると、２００９年度と２０１８年度の比較で大企業の経常利益は30・3兆円（2・7倍）、配当金は11・9兆円（2・7倍）、現預金は25・7兆円（63％増）それぞれ増えました。これに対し、従業員給与・賞与は2・6兆円（6％増）、設備投資は7・3兆円（42％増）の伸びにとどまっています。

また、配当とは別の、企業の自社株買

いは2018年度で6兆円、2019年度は8兆円と従業員給与の増分をはるかに上回ります。

従業員給与、設備投資もそこそこは増えているのですが、2.7倍の配当や利益と比べると、大きく見劣りするのは否めないでしょう。安倍首相（当時）が2017年から3年連続で春季労使交渉の際にベア上昇を伴う賃上げを経済界に求めたのも、改革による労働への分配増が遅々として進まないことへの不満からでした。

アベノミクス下のガバナンス改革によって、資本の出し手である株主は潤いましたが、従業員を含めた全体で見るとそれほど大きなプラス効果を日本経済にもたらしたとは言えないのです。

それでは、鳴り物入りで導入された社外取締役の効果はどうでしょうか。欧米では社外取締役が会社の業績を改善する効果があると実証した研究はありません。社外取締役の選任を義務付ける会社法改正案を審議していた日本の法制審議会の専門部会でも、東証1部上場企業では、社外取締役の有無で業績に有意な差があったという報告はなされませんでした。それればかりかむしろ東証2部上場企業では、社外取締役の選任によって、むしろ業績が悪化するというデータが報告されました。

社外取締役がたくさんいる取締役会ほど、取締役会の意思決定が良いものになり、会社の業績向上に貢献するという安易なイメージ付けには注意が必要です。次の章で説明しますが、東芝の不正会計問題で露呈したように、社外取締役が経営陣への牽制に必要十分な情報を知り得るのか、疑問も投げかけられています。

独立取締役が普及している米国でも、社外者がいることや、またはその数が増えることが業績向上につながるとの確たる実証データは得られておらず、ガバナンス改善効果について評価は定まっていません。

社外取締役が風穴

ガバナンス改革が日本企業や経営者に大きな行動変化を起こしたとは必ずしも言えないのですが、アベノミクスは別の面で日本の企業社会のあり方を大きく変容させる効果をもたらしました。それは粉飾決算やお家騒動などの企業スキャンダルが明るみに出る傾向が強まったという事実です。

平成末期になって大型の企業不祥事や世間の耳目を集める経営陣と創業家との経営支配権をめぐるお家騒動などが相次ぎました。東芝の会計不正事件は内部告発から火がつき、同社は上場廃止寸前の瀬戸際まで追い込まれました。神戸製鋼所や日立金属、日産自動車など日本を代表するメーカーでも品質偽装やデータ改竄《かいざん》などの不正行為が製造現場で横行していたことが明るみに出ました。

ガバナンス助言会社の企業統治推進機構（東京・千代田）の佃秀昭社長は「企業不祥事が急に増えたわけではないだろうが、これまでだったら表に出ることなく会社内で内々に処理されてきた不祥事や争い事が、取締役会に外部者（社外取締役）が入ってきたことで隠し通せなくなった」と指摘します。

不祥事の多くは、長い年月にわたって会社の奥底に溜まっていた澱みが何かのきっかけで表面に浮き上がってきたものです。欧米流の監視と報酬に関する制度改革を持ち込むことによって企業価値向上を目指したガバナンス改革は、投資やリスクテイクに対する経営者のマインドを変えるほどの成果は上げられませんでしたが、少なくとも企業経営の透明度を高め、外部から見えやすくした効果はありました。投資家・株主が企業経営の実態をより正確にとらえられるようになり、コーポレートガバナンスを一歩前進させることにつながります。

権力の歪みをどう正すか、組織の舵取りを過たないようにするためにはどうすればいいかを考えるのがガバナンスのそもそもの出発点でした。次の章からは、ガバナンス改革が始まった2015年以降に明るみに出た企業不祥事や、現在進行形の経営上のもめ事を抱える企業の実例を交えながら、企業のあるべきガバナンスを探っていきましょう。

第2章

東芝不祥事の教訓

――堕ちた「優等生」

2015年に始まった日本企業のコーポレートガバナンス（企業統治）改革を語るにあたり、長く人々の記憶に残りそうなのが、同じ年に巨額の不正会計が発覚した大手電機メーカー、東芝の転落劇です。同社は社外取締役に経営陣の監督を任せる欧米型の企業統治モデルを早くから採用し「コーポレートガバナンスの優等生」と評されてきました。しかし実際は「仏つくって魂入れず」で社長人事にOBが介入し、社内では達成不可能な利益を部下に強いる「チャレンジ」と称するパワーハラスメントが横行していました。

この問題で明らかになったことは、東芝という企業が、経営上層部にとって都合の悪い数字は会計不正という禁じ手を使ってまでして隠蔽する組織であったこと、そして原因究明をいつも中途半端に終わらせて抜本改革を怠り、事態をより深刻なものにする自浄能力の低さでした。

旧産業再生機構時代にカネボウなど数々の企業再生案件に関わってきた経営共創基盤の冨山和彦会長は東芝の不正会計問題を、「上にモノが言えない同質的なムラ社会型ガバナンスが起こした典型的な不祥事」と評します。事の顛末《てんまつ》を振り返りましょう。

発端は2015年2月に同社が国の証券取引等監視委員会から立ち入り調査を受けたこ

とでした。工事の進捗をごまかす会計不正が東芝社内で横行し、損失引当金の計上や在庫評価損の先送りなどを広範に繰り返していたと、金融庁に内部告発があったのです。東芝は社外弁護士から成る第三者委員会を発足させ、実態調査と原因究明にあたりました。

第三者委員会が2015年7月にまとめた調査報告書で、社会インフラ事業、映像事業、半導体事業、パソコン事業で7事業年度にわたり不正な会計処理を行っていたことが明らかになりました。2009年3月期から2015年3月期の第3四半期までに東芝が公表していた税引き前利益の合計は5830億円ですが、利益操作の規模はその4割に及びました。

第三者委員会報告書の発表と合わせ、田中久雄社長（当時）、佐々木則夫副会長（同、前社長）、西田厚聰相談役（同、前々社長）の歴代3トップが辞任したほか、関連した経営幹部として6人の社内取締役が役職を辞任しました。

歴代3社長の退陣を受け、東芝は2015年9月に臨時株主総会を開き、取締役の過半を社外取締役に入れ替えて出直すことになりました。新しい取締役会は不正会計の温床となっていた不採算事業の見直しを断行。イメージセンサー事業をソニーに売却したほか、次世代の成長事業と位置付けていた医療機器部門をキヤノンに売却するなど再建に乗り出します。

しかしさらに大きな損失が明るみになります。米原発製造子会社ウェスチングハウスエレクトリックカンパニー（ＷＥＣ）の経営不振です。２０１１年にあった東日本大震災の原発事故の影響により、世界中で原子炉建設の規制が強化され、メーカーは追加の安全対策や設計変更などを求められて想定外の建設費がかかるようになりました。

ウェスチングハウスの建設子会社が数十億ドル（数千億円）規模の損失を抱え、東芝の連結ベースでも巨額の損失が出る見通しだと発表したのが２０１６年12月のことです。このとき、会社側の公表では「数十億ドル」という漠とした数字でしたが、２カ月後に７０００億円を超える損失であることが明らかになりました。

東芝はウェスチングハウスの原発事業に絡む巨額損失の処理により債務超過に転落。会社の継続性（ゴーイング・コンサーン）に関する注意喚起が発せられ、東京証券取引所1部から2部への降格処分を受けました。東芝がウェスチングハウスの損失を長く隠していたのは、損失を認めて連結貸借対照表（バランスシート）の資産の評価額を下げると（これを

図表2-1　東芝会計不正をめぐる動き

2014年12月頃	証券取引等監視委員会に内部告発
2015年4月	会計不正が発覚
5月	第三者委員会を設置
7月	歴代3社長ら経営幹部が辞任
7月	第三者委員会が会計不正の調査報告書を発表
11月	役員責任調査委員会が調査報告書を発表
2016年12月	米原子力事業で数千億円の巨額損失の可能性があると発表
2017年1月	半導体メモリー事業の売却方針を発表
3月	米ウェスチングハウスがチャプター・イレブンを申請し破綻
4月	分社化した「東芝メモリ」が発足
4月	2016年4～12月期決算を監査法人の意見なしで発表
8月	東京証券取引所2部、名古屋証券取引所2部に指定替え
12月	約6000億円の第三者割当増資を実施
2018年6月	東芝メモリの売却完了
2019年11月	約7000億円の自社株買い完了
2020年7月	株主総会で車谷暢昭社長の選任議案の賛成率が58%に

減損損失の計上と言います)、東芝本体が債務超過(会社の資産よりも負債の方が大きい状態)になる恐れがあったからです。

バランスシートとは、会社の資産(工場設備や土地などの財産)と負債(借入金など)がどれだけあるかを示す決算書のことで会社の状況を知る有力な手がかりになります。

2006年のウェスチングハウス買収時に東芝は当時としては破格の54億ドル(約6500億円)を投じました。ライバルの三菱重工業との熾烈な入札競争により、買値がウェスチングハウスの資産規模である2000億円強をはるかに上回る水準に高騰。純資産との差額4000億円は「のれん代」や「無形資産」としてバランスシートに計上されました。

会計上ののれんとは、老舗企業の暖簾に由来する専門用語で、計数では示せない知名度やブランド力といった企業価値を意味します。会計ルールでは被買収会社が当初見込まれていた利益(これを超過収益力と呼びます)を出せない場合、のれんは「資産性なし」と公認会計士から指摘され、買収企業は減損を迫られます。

3・11を境に原発ビジネスに強烈な逆風が吹き始めたのに、東芝経営陣は「新興国をはじめとして原発のニーズは拡大し、原子力事業の将来性に変更はない」と、現実離れした計画に固執し、減損を先送りし続けました。こうした強気の発言に終始したのは、買収失敗の経営責任を取りたくなかったからだと考えられます。

一方、国内ではウェスチングハウス買収のわずか2年後の2008年に起きたリーマン・ショックによる急激な業績の落ち込みで株主資本が大きく毀損。2009年3月期の連結決算は、売上高の減少と急激な円高ドル安による収益悪化により、最終損益が約3400億円の赤字となり、資本欠損状態に陥りました。

資本欠損とは、会社の純資産額が資本金(および法定準備金の合計金額)を下回っている状態のことで、会社の資本金を損失が食いつぶすことを意味します。約1200億円の欠損が生じた東芝は、その後になんとか増資にこぎ着けて資本欠損状態から抜け出しますが、依然として財務体質が弱いのでウェスチングハウスの減損を行う体力などあるはずもなく、利益を嵩上げして決算数値をよく見せかけたのです。これが東芝不正会計事件の本質です。

債務超過に転落

最終的にウェスチングハウスは2017年3月に米ニューヨーク州の連邦破産裁判所に米連邦破産法11条（チャプター・イレブン、日本の民事再生法に相当）の適用を申請し、総額1兆円以上の負債を抱えて経営破綻しました。チャプター・イレブンの申請により、ウェスチングハウスは東芝の連結対象から外れましたが、親会社保証として8000億円の債務を東芝は背負うことになり、2017年3月期はバランスシートの連結株主資本がマイナス5529億円の債務超過に陥りました。

2期連続で債務超過だと、東証のルールで上場廃止になります。このため東芝は原発と並ぶ2本柱だった半導体メモリー事業を売りに出して危機を打開する計画を立てました。しかし東芝のメモリー事業は世界シェアが2割あり、同業他社が買収する場合は各国の独禁法当局の審査の対象になります。この手続きがなかなか完了せず、焦った東芝は先行して約6000億円の第三者割当増資を行って債務超過を解消し、上場廃止の危機を切り抜けました。

経団連会長まで輩出し、創業から140年を超える歴史をもつ名門企業は不正会計で資本市場の信頼を失ったばかりか、ドル箱の事業を次々と切り売りするはめになり、後には競争力がお世辞にも高いとは言えない社会インフラ部門などが残っただけでした。これが東芝不正会計の第一幕です。

3日で120億円の利益改善

話を不正会計に戻します。2015年の第三者委員会報告書が明らかにしたのは、社長や各事業部門（社内カンパニー）長による下位者への指揮命令系統ばかりが強く、上位者の暴走を止める統制・牽制の仕組みが無効化していた点です。

東芝社内では社長が「チャレンジ」と称して非現実的な業務目標の達成を無理強いすることが日常化していました。社長は利益目標の達成を強引に迫り、その下のカンパニー長がさらにその下の事業部長や従業員らに目標達成を無理強いして追い込みました。社内の様々な部門で組織ぐるみの数字合わせが行われました。

その最たる例がパソコン関連カンパニーです。2012年9月27日。上半期末の9月30

日まであと3日となるなかで、佐々木則夫社長（当時）は「残り3日で120億円の営業利益を改善してほしい」と無理な注文を出しました。この理不尽な要求に正論をもって反対する者はおらず、カンパニーは東芝の中国子会社に部品を押し込み販売し、見かけ上の利益をでっち上げました。「この取引でグループの会計処理に疑義をもたれないか懸念する」、「そのリスク覚悟でのご指示か」と難色を示した中国子会社トップの意見は通りませんでした。

通常、企業の中には社内の不正を監視し、法令違反に目を光らせる内部統制部門と呼ばれるリスク管理組織があります。ところが東芝では内部統制部門が社長と一体となって事業部門を攻め立てました。これは典型的なマネージメントオーバーライド（経営者自らが不正な目的のために内部統制を無効化してしまうこと）です。

社内に潜む不正を見つけるのが本来の役目である経営監査部は、多くの案件で不正な会計処理に見て見ぬ振りをし、財務部はチャレンジの「原案」まで作成し、利益至上主義で各事業部門に目標達成の圧力をかけました。会計監査人（ＥＹ新日本監査法人）も不正に気づかないか、問題のある決算操作を発見しても見逃しました。

会計操作の中でも最も悪質だったのが、パソコン事業で行われた「バイセル取引」です。パソコン製造は液晶や半導体などの電子部品や部材を外部から調達します。東芝は、調達した部品に一定価格を上乗せし（これをマスキングと呼びます）、それをパソコン組み立ての下請けを行う台湾企業に「押し込み販売」して一時的な利益を計上する手法を多用していました。

本来、こうした取引は買い戻し条件付きなので、完成したパソコンをマスキング価格を含めて買い戻すため、実質的な利益にはなりません。取引実態を適切に反映しない問題含みの会計操作です。

電機や自動車業界では普通、部品などの仕入れ価格を知られたくないために、10～20％程度のマスキング価格を施して出荷します。ところが東芝ではマスキングの上乗せ幅が最大5倍にもなっていました。一連の会計操作を推進したのは、調達部門（部品などを外部から仕入れる組織）から異例の出世を遂げて社長に上り詰めた田中久雄氏（不正会計の責任を取り2015年に辞任）です。パソコン部門では計約600億円を水増ししていました。

一般的に粉飾決算の可否は、粉飾の悪質性という質の問題と、金額という量の2つの問題で判断されます。東芝の不正操作はほとんどが利益の一時的な嵩上げや損失先送りです。バブル期に問題になった「不良債権飛ばし」や、架空売り上げ・架空利益の計上といった不正行為と異なり、悪質性の程度は低いとされます。しかし、それが社内の広範な事業部門で行われ、その金額は、積み上げると2000億円以上の規模になります。「名門企業がなぜ組織ぐるみで行ったのか」と多くの人が首をかしげました。

ウェスチングハウスの減損を回避

第三者委員会の調査は、部下を不正行為に走らせた歴代トップの動機にまで踏み込んでいません。メディアでは社内の確執、財界総理のポストを狙った元トップの権力欲などが取りざたされましたが、東芝の財務状況を見れば、状況証拠的には米ウェスチングハウスの巨額買収による財務の悪化に行き着きます。

ウェスチングハウスの買収合戦は東芝、三菱重工業の一騎打ちとなり、当初30億ドル程度と見込まれていた買収金額はどんどん膨れ上がり、最終的に54億ドルで買った東芝のバランスシートに巨額ののれん代がのしかかりました。

東芝が採用していた米国会計基準では、毎年、買収した会社の将来利益から現在の資産価値を割り出し、それが帳簿価額を下回っていないかをチェックします。これを「減損テスト」と呼びます。先にも触れましたが、3・11以降、海外原発事業の先行きが怪しくなったのに、東芝はのれんの減損を回避し続けました。

海外での損失隠しをテクニカルに可能にしたのが、自分たちの都合のいいように原発事業の収益区分をコロコロと変えて、監査法人を欺く手法です。

ウェスチングハウスには新規建設やエンジニアリングなど4つの事業がありました。その中で不調だったのは「新規建設」と、原発の監視システムの開発・保守を担当する「オートメーション」の2つです。東芝は4つの事業を合体して減損テストを実施したり、連結ベースでウェスチングハウス事業と東芝本体の原子力事業をひっくるめて減損テストを実施したりするなど評価方法を頻繁に変更。全体として超過収益力があるため、減損の必要なしと判断していたのです。

会計不正発覚後も東芝経営陣は「ウェスチングハウスの減損の必要性を認識していなかった」というコメントを繰り返していますが、実はこうしたカラクリがあったのです。先に触れた通り、ウェスチングハウスの内部では原発建設費の高騰により将来損失がどんどん膨らんでいました。

形だけのガバナンス

東芝は2003年に社外取締役が監督権を発揮しやすい「委員会（等）設置会社」（2015年施行の改正会社法により、指名委員会等設置会社に名称変更）に移行し、「ガバナンスの先進企業」とされてきました。

指名委員会会社では、社外取締役が中心となる指名・報酬・監査の3つの委員会が経営者を監督します。委員会の過半は社外取締役で占められ、指名委員会や報酬委員会で決められたトップ人事や報酬額は取締役会でも覆せません。社外取締役に強力な権限を与えることによって経営陣の暴走を抑える機関設計です。

東芝も形式的には指名委員会会社の設置基準を満たしていたのですが、これから説明するように、社外取締役の監督を実質的に骨抜きにする運用をしていました。

部下に無理難題を押しつける舞台となったのは取締役会ではなく、社長以下の経営幹部が集まる「社長月例」という経営会議です。出席するのは、社長以下の執行役、部長といった社内者のみ。企業の日常における最高意思決定機関は取締役会ですが、指名委員会会社では社外取締役の権限を強化するのと引き換えに、経営陣に業務執行に関わる意思決定を権限委譲することが許されています。東芝経営陣はそれをいいことに、社外取締役の目の届かない社内経営会議で違法な行為を繰り返していました。

社長月例ではまず社長から各社内カンパニーの社長に収益改善目標値「チャレンジ」が示されます。リーマン・ショックや3・11で経営環境が悪化し続けていたにもかかわらず、期初に実力を超える高い目標値を示し、各四半期末にその達成が無理になった段階でも予算必達の新たな「チャレンジ」を要求。この圧力に屈し、各事業部門は利益の先取りや、損失先送りといった不正行為を繰り返したのです。

第三者委員会はトップによる意図的な当期利益の嵩上げと並んで、「上司の意向に逆らえない企業風土」を不正会計の直接的な原因として挙げました。

不正会計の間接的原因として第三者委員会が認定したのは組織体制上の不備です。とりわけ深刻だったのは、経営陣を監督する取締役会の機能不全です。指名委員会会社で不正会計などに目を光らせる役目は取締役会の中に置かれる監査委員会にあります。

本来なら東芝でも監査委員会のメンバーである社外取締役が東芝の社内に広がる不正を摘発するべきだったのに、監査委員に就いていた3人の社外取締役は官僚出身者などで占められ、財務・経理に関する十分な知見をもっていませんでした。

米国では証券取引所の上場規則やSEC（証券取引委員会）の規制により、監査委員には会計や法律の専門家が就くことが必須で全員を独立社外取締役にすることを義務付けています。しかし、東芝の監査委員長は同社の生え抜きでした。経営者に都合の悪い情報は社外の耳には入れず、内部昇格のインナー（内部者）が監査委員会を実質的に動かしていました。

それを物語るエピソードがあります。

2013年9月、田中久雄社長（当時）が財務担当の副社長に「極秘の相談」をもちかけました。パソコン事業の損益をバイセル取引によって繕い、同部門の赤字を少なくしたいとの要望でした。副社長は「バイセルを増やすことには反対します」と言ったものの、「社長が決断された場合は100％従いますし、ベストを尽くします」と返し、問題含みの会計処理を黙認したのです。

会計基準を自分たちの都合のいいように悪用するバイセル取引に、財務担当役員として疑問を抱きながら、社長の命令には絶対服従する。そこには株主から負託された取締役の1人として、社長の問題行動をただそうとする責任感のかけらもありません。

その後、この副社長は監査委員会の監査委員長に横滑りしました。監査委員長に就任後、彼は別の社内出身の監査委員からパソコン部門の会計に不適切なものが含まれていないか実態調査を再三提案されても、「今ごろ事を荒立てると決算に間に合わなくなって最悪の事態になる」として応じませんでした。いくら形式を整えても、内部が腐っていたら不正は防ぎようがありません。

先ほども触れましたが、米国では監査委員は全員、会社と利害関係のない独立取締役で構成され、経営陣ににらみを利かせます。東芝では生え抜きの人間、しかも不正会計を働きかける社長に物申せない人物が監査委員長になっているのだから、不正が表沙汰になるはずはありません。だから最後の駆込み寺として、金融庁への内部告発が行われたのでしょう。

東芝の社内で強力に働いていたのは、目先の利益にこだわるトップの要求（短期主義）に応えようとした古い日本的組織の同調圧力です。東芝は外見的には社外取締役を起用した先進的な統治体制をもっていましたが、見掛け倒しの「ハリボテ」でした。その実態は、出世競争を勝ち抜いた内部者が会社を牛耳る経営者優位の組織だったのです。

経営者主権を改善

東芝はすでに指名委員会会社でしたから、不正会計発覚後のガバナンス体制の立て直しは、形式ではなく、実質面を是正することがメインの作業になりました。

まず、取締役会の構成については、社外取締役を過半数とするとともに、経営陣を監督する取締役会議長には原則として社外取締役を充てることに決めました。取締役会に社外者が半数以上いると、経営陣の顔色を窺う社内出身を数の上で上回り、トップに実質的なにらみを利かせられます。

また、指名・報酬・監査の3委員会のメンバーは全員、社外取締役のみで構成し、指名委員会には会長、社長候補者の選定案の策定のほか、会計・財務を担当するCFO（最高財務責任者）の人事に対する同意権を与えました。CFOの独立性を確保し、社長の言いなりで動

図表2-2　東芝のガバナンス再構築のポイント

取締役会	・社外取締役を過半数に ・取締役会議長を社外取締役に
指名委員会	・社外取締役のみで構成 ・会長、社長候補者の選定権を付与 ・CFO人事に対する同意権を付与
報酬委員会	・社外取締役のみで構成
監査委員会	・社外取締役のみで構成 ・財務、法律、会計の専門家で構成
内部監査部	・社長直轄から監査委員会直轄に変更

くイエスマンにさせないためです。

監査委員会にはついては、経営トップが暴走しないよう、内部監査部を監査委員会の指揮下に置き、経営陣の指揮命令系統から独立させました。内部監査部は一般的に社長直轄にすることが多いのですが、「チャレンジ」で起きたマネージメントオーバーライドの再発を防ぐためです。また、内部通報も有効に機能していなかったため、監査委員会に直接、社員の告発文や告発の電話が届く仕組みに改めました。

「歴史に:ifはない」とよく言われますが、東日本大震災で原発ビジネスの潮目が変わったときに軌道修正していれば、傷口がこれほど広がることはなかったでしょう。歴代トップが原発事業の減損を先送りし続けた結果、同社は経営立て直しの好機を失い、その後の損失処理やリストラ費用をまかなうために看板だった「白モノ家電」や、次世代の牽引役と期待した医療機器部門などを次々手放さざるを得なくなったのです。

経営者の過度の短期主義や行き過ぎたリスクテイクを排し、会計に関する適切な規律を働かせることがいかに大事であるかを東芝事件は物語っています。

疑惑の第三者委員会

この辺で、企業不祥事ですっかりおなじみになった第三者委員会についても説明しましょう。第三者委員会は法令で定められた機関ではなく、日本弁護士連合会のガイドラインに基づいて不祥事企業が任意で設置します。企業自身の調査では調査結果が信用されず、信頼回復が難しい場合に第三者委員会が設けられるケースが多いです。

第三者委員会には不祥事の「病巣」をえぐり出し、再生への道筋をつける役割が期待され、委員には企業と直接的な利害関係のない弁護士や会計士などを充てるのが普通です。

東芝の第三者委員会報告書が多くの識者から不評を買ったのは、東芝自らが第三者委員会の機能を歪めたことと、第三者委員会自体も依頼主である東芝の意向を忖度するような踏み込みの浅い調査をしたからです。

企業のリスク管理に詳しい久保利英明弁護士は「あのとき、しっかりした第三者委員会を作り、病巣にメスを入れていたら東芝は現在とは違う会社になっていただろう」と指摘します。

東芝の第三者委員会は金融庁の検査を受け2015年5月に発足しましたが、最初から疑問符がつきました。まず第三者委員の2人が勤めていた法律事務所や監査法人は東芝とビジネス上の深い関係にありました。また、この監査法人のグループ会社は東芝と財務コンサルティング契約を結んでいるのに、委員会の「調査補助者」に就いていました。いずれも東芝から真に独立した存在とみなせず、調査内容の正当性や信頼性に疑念を抱かせます。

問題は人選だけではありません。調査対象についても会社側の言いなりでした。2015年7月に公表された報告書では「東芝と合意した委嘱事項以外の事項については、いかなる調査も確認も行っていない」との但し書きがあり、ウェスチングハウスの損失隠しについて調査をしませんでした。報告書にはこうあります。

本委員会の調査及び調査の結果は、東芝からの委嘱を受けて、東芝のためだけに行われたものである。このため、本委員会の調査の結果は、第三者に依拠されることを予定しておらず、いかなる意味においても、本委員会は第三者に対して責任を負わない。

第三者委員会は法律による強制力がありません。そもそも調査費を負担するのが不祥事を起こした当の企業で、委員も会社側が選ぶという点で独立性に疑問符がつきやすい弱点があります。東芝の第三者委員会はまさに「東芝の、東芝による、東芝のため」の内向きの調査で、経営陣がひた隠しにしていた原発ビジネスの真相に迫ることはありませんでした。

久保利弁護士は評価に値しない第三者委員会として、①会社や経営陣からの独立性に欠ける、②調査スコープが会社によって定められている、③調査のスコープが狭く、深度が浅く、真因に迫っていない、④トップや親会社、上部組織など、その事件を引き起こしている根本原因に迫らない、⑤再発防止策が抽象的かつ一般的——の5点を挙げます。東芝の第三者委員会にはその多くが当てはまりそうです。

責任を免れた「灰色幹部」

東芝問題ではもう1つ、別の第三者委員会がありました。会計不正に関わった経営者の責任追及を求める株主の声を受けて立ち上げた「役員責任調査委員会」です。2015年9月、奈良県在住の個人株主が東芝に「提訴請求書」を送りました。元トップら新旧役員28人に、長期に不正を放置した責任があるとして、計10億円の損害を賠償させる訴訟を起こすよう、会社側に求めたのです。

会社法では株主からの請求を受理してから60日以内に会社が提訴しない場合、株主が自ら株主代表訴訟を起こせます。株主代表訴訟とは、個々の株主が会社あるいは、株主全体を代表して、違法行為を犯した取締役を訴え、その取締役が会社に与えた損害を賠償させる訴訟です。株主が勝訴すると、金銭は会社に支払われます。東芝は役員責任調査委員会を立ち上げ、不正会計が行われた7年間に在籍した役員の責任の有無を調べました。

委員会は歴代社長3人と元最高財務責任者2人の計5人が、取締役として当然払うべき善管注意義務を果たさずに会社に損害を与えたと結論付けました。しかし、ここでも「身内に甘い」との批判が起こりました。

委員会は不正会計の期間中に責任ある立場にいた98人を調査しました。このうち14人は不正会計に関わった可能性がある「関与者」としてヒアリングなどで詳しく調査しました。最終的に93人が「責任なし」とされ、14人の「関与者」のうち9人が訴追の対象から外れました。不思議だったのは不正発覚後に東芝社長に就任した室町正志氏です。

室町氏は2008年から4年間、東芝の副社長を務め、一旦は常任顧問に退きましたが、2014年に会長(取締役会議長)として復帰。2015年7月に田中久雄社長が不正会計の責任を取って辞任したのを受けて急遽、暫定社長に就任しました。不正会計が行われた期間には半導体担当の副社長として不正会計に関わっていた可能性があるほか、議長として経営陣を監督する立場だったのに、報告書のどこにも室町氏の名は挙がっていません。

強引な解釈目立つ

役員の会社法上の法的責任を追及する善管注意義務違反の存否は、会社と委任関係にある取締役・執行役が、職務上求められる注意義務を適切に果たしているかで判断されます。善管注意義務には自分が法令などに違反していないことに加え、他の取締役・執行役を監視・監督する義務があります。裁判所は本人が不正行為を認識していたかどうかと、実際にその不正行為を認識できる状況にあったかという「認識可能性」の2つから検証します。

このルールに照らせば、「室町氏は責任なしとは言えない」と多くの人が感じました。免責された93人も、善管注意義務に違反しないとした理由が合理性や正統性を一部欠いているとみられる強引な整理が目立ちました。

たとえば、バイセル取引に関与したにもかかわらず、「(社長から目標達成の)チャレンジを課され、目処が立たなかったのでやむを得ずやった」、「歴代社長から過大なチャレンジを受け続けたことにより、やむを得ず不適切な会計処理を容認するに至った」と認定された幹部たちです。委員会は「善管注意義務違反があったと認定するには足りない」と結論づけています。

本来、有価証券報告書の虚偽記載は、適切な情報開示を定めた金融商品取引法上、明白な法令違反となります。社長に強引に指示されたという事情を考慮して、善管注意義務違反にあたらないのだとしたら、どんな法令違反もおとがめなしになってしまいます。

「報告書作成に関わった委員の判断は、法律の専門的知見をもつ弁護士の判断として合理的で正当なものとは言えないし、資本市場のステークホルダーに対して適正な説明責任を果たしていない」と、金融・会社法制に詳しい遠藤元一弁護士は批判します。

最終的に委員会の勧告に従い、東芝は3人の元社長を含む5人の旧経営陣に損害賠償請求を起こしましたが請求額はわずか3億円。株主の要求した10億円から減額しました（その後、32億円に拡張）。東芝という会社の存続のために大勢の「灰色幹部」を見逃した形です。

不祥事からの再生では、どれだけ事件の核心に迫った調査ができるか、そして企業が痛みを伴う抜本的な再発防止策を講じる意思があるのかが問われます。そこに投資家は企業の再生に向けた本気を感じ、株価も回復に向かうのですが、東芝も役員責任調査委員会も世間の期待に十分応えることができませんでした。

物言う海外株主との戦い

東芝のその後を見ていきましょう。

米ウエスチングハウスの経営破綻により、東芝には巨額の債務が残りました。債務超過状態を解消するために行ったのが、海外ファンドを引受先とする約6000億円の第三者割当増資です。2期連続で債務超過だと上場が廃止になります。この不名誉を免れるためには東芝にはどうしても新たな資本が必要だったのです。

会社としての信用が失墜した東芝が、国内で不特定多数の投資家からお金を調達する公募増資は事実上無理な状況でした。直近の決算の内容に対し監査法人は、すべての重要事項について適正であるとする通常の「無限定適正意見」ではなく、不適切な会計事項があることを示す「限定付適正意見」を出していたからです。

国内での資本調達の道が事実上閉ざされたなかで、東芝が救いを求めたのが海外の投資家でした。

海外の投資家が、日本国内では引き受け手がいなかった東芝の巨額増資に応じたのは、各国の競争法上の手続き遅れで売却が延び延びになっていた半導体子会社「東芝メモリ」が無事に売却できれば、2兆円前後の売却益が見込めると判断したからでした。

当時の東芝は半導体事業により「稼ぐ力」はあるのに、原発や不正会計による一時的なダメージで資本が不足した状態でした。東芝メモリに2兆円の価値があるのだとしたら、実質的に債務超過企業とは言えません。不振の原発子会社を連結対象から外し、半導体事業を高値で売却すれば、東芝はキャッシュリッチの好財務企業になるに違いないと海外勢は値踏みし、6000億円もの資金供給に応じたのです。

ここからが東芝事件の第二幕の始まりです。窮地を脱した東芝でしたが、今度は増資引き受けにより東芝の新しい株主となった海外の物言う株主（アクティビストファンド）との間で、株主還元（増配や自社株買い）をめぐって綱引きが始まりました。

東芝は日本の会社ですが、増資によって海外投資家比率は7割に高まり、このうち経営陣に積極的に要求を突きつけるアクティビストファンドは半分弱を占めます。日本の主要上場企業の海外株主比率は平均で3割ですから、東芝の株主構成がいかに異様であるかがわかるでしょう。

図表2-3　東芝の株主構成

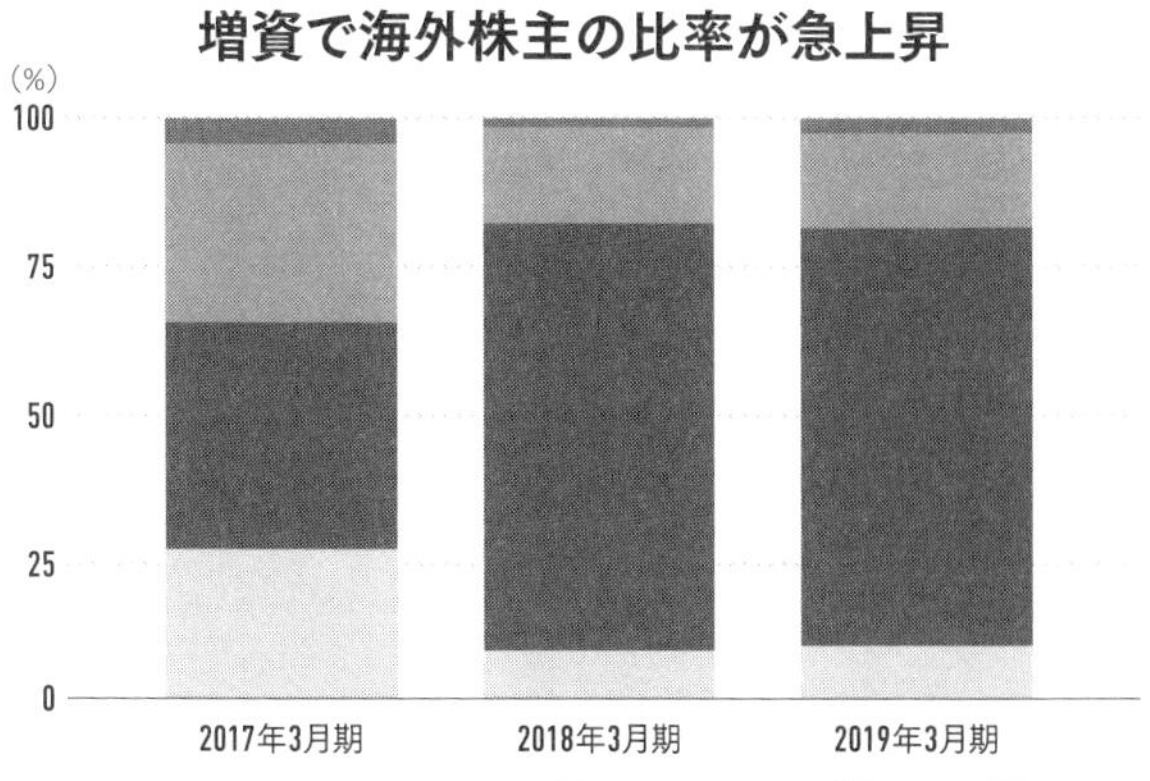

出所：東芝資料

東芝メモリは2018年6月に売却が完了し「キオクシアホールディングス」へと社名が変わりました。東芝はキオクシアの4割の持分を確保するために再出資しましたが、その出資金を差し引いても1兆5000億円近い現金を得ました。海外株主は当然、株主還元を行うと期待していました。

ところが東芝の新しいCEOに就任したメガバンク出身の車谷暢昭氏は売却益をM&Aなどの新しい成長投資に回す方針を示し、海外株主の間で「大恩ある株主を無視している」との不満が巻き起こったのです。

トップの選任に反対

成長分野に資金を投じようとする車谷氏の経営方針に反対する海外株主は、株主総会で車谷氏の選任議案に反対票を投じました。2018年6月に開かれた株主総会で車谷氏の賛成率は63%という異例の低さでした。東芝経営陣は総会前の6月13日に7000億円程度をめどとした自社株買いを行うと発表しましたが、海外株主に車谷氏の選任反対を翻意させるほどのインパクトはありませんでした。

2020年7月の株主総会では会社と海外株主が社外取締役や取締役会のあり方をめぐって再びぶつかりました。2つの投資ファンドがガバナンス強化などを大義名分に掲げて複数の社外取締役の選任を要求しました。

海外投資家が圧力をかけたのは、東芝の業績が一向に上向かないことへの苛立ちが背景にありました。海外投資家は増資の際に今の1株3000円を切る水準で新株を引き受けました。それから2年半たった2020年半ばの株価は3400円。通常、投資ファンドは年率25%程度の高リターンを想定して投資をします。

増資から2年半以上経過したのですから、東芝の株価は5000円を軽く超えていなくてはならない計算なのに、3400円程度ではファンドとして満足なリターンを得られるはずがありません。

しかも東芝の2020年3月期の最終損益は1146億円の赤字でした。アベノミクスが目指す株主資本利益率8％が程遠い経営状況で、お話になりません。一方、攻められる東芝は株主総会前に、キオクシアの保有株式を一部売却し、株主還元すると発表しました。また海外株主から改善を求められた内部統制の改善に向けて、「コンプライアンス有識者会議」を7月に新設しました。いずれも物言う株主への配慮が透けて見えました。

株主提案をしたのは、いずれもシンガポールに拠点を置く「エフィッシモ・キャピタル・マネージメント」と「3D・オポチュニティー・マスター・ファンド」です。約10％の東芝株をもつ筆頭株主のエフィッシモは3人、4％を保有する3D・オポチュニティーは2人の社外取締役の選任を求めました。

エフィッシモは2020年1月に発覚した、東芝グループ企業が関わった架空循環取引の不正事件を問題視しました。これは日本製鉄子会社や富士電機子会社など複数のIT関連会社が関与した事件で、取引実態がないのにさも商品のやりとりがあったように帳簿上で見せかける犯罪行為です。東芝の孫会社の東芝ITサービスも24件の不正取引に関与し435億円の売上高を架空計上していました。

2015年の不正会計事件後も東芝のグループ企業ではこうした不正事件がいくつも起きています。組織に一度染みついた不正体質はそう簡単には治らないのでしょう。東芝に限らず不祥事を起こした企業で不正が繰り返される理由について、青山学院大学の八田進二名誉教授（会計監査論）は「ウミを出し尽くしていないから不正を根絶できない」と指摘します。

東芝がまとめた調査報告書では、孫会社は事件に巻き込まれたという整理でした。エフィッシモはこの東芝の対応に不満をもち、「問題を矮小化しており、東芝グループ全体の内部統制上の問題に迫ろうとしていない」として、中立な社外取締役を送り込むことにしたのです。

一方、3D・オポチュニティーは株主提案とは別に、総会前に東芝の車谷社長と社外取締役1人の取締役再任に反対すると表明し、車谷氏解任の流れを作ろうとしました。

会社の舵取りをめぐって会社側と株主が、企業の最高意思決定機関である株主総会で向き合い、審議することは重要なことです。どんな社外取締役や取締役会の構成が、その会社の成長にとって必要かというガバナンスの根幹について株主の意思が示されるからです。

まずしっかりしたガバナンス体制を作り、それを事業ポートフォリオの改善につなげ、その結果が業績や株価に表れる——。海外株主は企業価値（株主価値）を高められない東芝経営陣の目を覚ますために、経営改革の王道に則った戦い方に切り替えてきたのでした。

新しい取締役会議長に海外勢は期待

一方、東芝側も取締役会を刷新する提案を行いました。不正会計が発覚した2015年から社外取締役を務めてきた小林喜光取締役会議長（三菱ケミカルホールディングス会長）が退き、後任に中外製薬の永山治名誉会長を迎える議案です。永山氏は親会社であるスイスの製薬大手ロシュとの良好な親子関係をベースに、中外製薬の企業価値を高めてきた手腕が資本市場で高く評価されてきました。株主を向いた経営ができる人材を取締役会議長に据えることで改革の意思をアピールしたのです。

2020年7月末に開かれた株主総会は結局、エフィッシモが推した社外取締役候補の1人が43％の賛成票を集めたものの半数に届かず否決され、東芝が提案した12人の取締役候補全員が過半数の賛成を得て選任されました。

取締役会議長に就任した中外製薬の永山氏の賛成率は98％という高さで、海外株主の期待が窺えます。一方、車谷氏の賛成率は58％と会社提案の役員候補の中で最も低く、2018年の63％すら下回りました。これは、東芝経営陣に対する海外株主の根深い不信を物語っています。「株主還元をきちんとしなければ、いつでも反対票を投じて首にしますよ」というメッセージをここから読み取ることができます。

東芝と物言う株主の攻防の先にどんな結末が待っているかはわかりませんが、資本市場の様々なルールを踏みにじり、適切なガバナンスを怠ってきた代償はあまりにも大きいと言わざるを得ません。東芝は今もその〝罪〟を贖い続けています。東芝の不正会計問題を単なる一企業の不祥事として終わらせてはなりません。

第3章

ファミリー企業の光と影

――ガバナンス改革のヒントに

古典的なファミリー企業、同族経営が今、見直されています。日本の上場企業が全体として低パフォーマンスに陥るなかで、上場ファミリー企業が良好なパフォーマンスを発揮しているからです。日本の上場ファミリー企業はバブル発生の1985年以降、非ファミリー企業よりROA（総資産利益率）で見た経営効率が高いという研究が報告されています。ここで上場ファミリー企業とは、特定の一族集団がその企業の支配的株式数を保有し、経営に直接関与しているか、または取締役会を通じて間接的に企業経営に影響を及ぼしている企業を指します。

なぜ上場ファミリー企業は業績面でのパフォーマンスが概して良好なのでしょうか。一方で上場ファミリー企業ではしばしば一族の内紛や創業家出身経営者の暴走によって経営が混乱する事例が見受けられます。近年でも創業者の父とその娘が会社の経営支配権をめぐり争った大塚家具や、創業者が急逝してその遺族が経営陣と紛糾した定食チェーン、大戸屋ホールディングスなどが頭に思い浮かびます。この章では二面性のある上場ファミリー企業のガバナンスを見ていきましょう。

株主であり経営者である強み

一橋大学の宍戸善一教授（会社法）や東大の柳川範之教授（経済学）らの研究グループによると、日本のファミリー企業のROAは創業者の後を継いだ2代目以降も高いという結果が出ています。研究チームは上場ファミリー企業が良好な業績パフォーマンスを上げる理由として次の4点を挙げます。

まず、創業家が資産の大部分をその企業の株式に依存しており、大株主として経営を監視するインセンティブと情報をもちあわせていることです。これが長期にわたって企業に対する資本（および人的資源）のコミットメント（関与）を続けようとする気持ちを育み、機関投資家のような立場で会社の経営が間違った方向に向かわないか監視します。

2番目として1つ目の動機と重なりますが、創業家出身者がトップの場合、サラリーマン経営者よりも会社の存続に強い関心をもちます。創業家出身者は一族全体としてはもとより、個人としても破格の大株主であることが多く、株主として会社を監督する動機が、普通のサラリーマン経営者より強く、会社の危機を先延ばしにすることを避けようとします。

また、企業が成長すれば配当や株価上昇という形でアップサイドのリターンが見込めるので経営者として健全なリスクテイクを行う動機をもちます。株式の分散した上場会社で必然的に発生する「所有と経営の分離」に伴うリスクや、株主と経営者間に発生する利害衝突、いわゆるエージェンシーコストを低く抑えることができるわけです。

3点目として創業家出身の経営者は比較的若くして社長に就きます。日本の上場企業のサラリーマン社長の就任年齢（中央値）は60歳ですが、創業家の実子経営者は46歳とひと回り以上若く、社長在任期間も10年を超え、普通のサラリーマン社長の3倍はあります。長期的視野に立って経営ができることが、短期志向に流れない持続的な経営を可能にするのです。

第4に3番目とは逆に、一族に有能な経営人材がいないときは、婿養子など外部人材に経営を任せる柔軟性があります。ファミリー企業ではトップ交代の10回に1回は、実子ではなく、婿養子に経営のバトンを渡しているそうです。富と権力の「家」への集中を本質とするファミリー企業ですが、内部に適任者がいない場合には優秀な外部人材を活用し家業を存続させてきました。

日本でガバナンス改革が始まった大きな原因として企業のパフォーマンスが低いことへの反省があったのを思い出しましょう。取締役会を内部昇格のインサイダーで固め、メインバンクや株式持ち合いの安定株主で守られた経営者は株主利益よりも従業員の利益を優先し、従業員に痛みを強いるリストラを避けがちです。

一方、ファミリー企業では、「『家』の永続性」こそ、一族の最大の関心事であり、サラリーマン経営者のように会社の危機をむざむざ見過ごしたり先送りしたりできません。これがファミリー企業の高いパフォーマンスとなって表れているようです。ガバナンス改革が株主権を強化するのは、実はファミリー企業のこれらの長所を取り入れているのだと見ることもできるかもしれません。

精神的な面で言えば、企業にとり創業家は大株主であると同時に創業の精神をつなぐ支柱です。ファミリーも会社と一種の運命共同体の意識をもち、それが良い方向に出ると組織の結束を強めます。ただ、これは状況次第でマイナスの力に容易に反転し、創業家出身者が暴走して歯止めが利かなくなったり、経営に混乱をもたらしたりもします。こうした事例を出光興産とＬＩＸＩＬグループの２つのお家騒動で確認してみましょう。

合併に反対した出光創業家

出光興産の「お家騒動」は企業の将来像について大株主の創業家と経営陣の意見が対立し、他社との合併の是非を争った事例です。

2015年7月に出光興産が英蘭ロイヤル・ダッチ・シェルから日本法人の昭和シェル石油の株式を取得し、経営統合すると発表しました。交渉は順調に進んで両社は11月に合併に関する基本合意書にサインしました。これに反旗を翻したのが統合交渉でかやの外に置かれた出光創業家です。2016年6月に開かれた同社の株主総会で創業家の代理人弁護士は合併への反対を表明しました。

出光株の約34%をもつ創業家は昭和シェルへの資本参加に当初理解を示していました。しかし合併方式だと発行済み株式数が増えて創業家の出資比率が低下し、経営への影響力が薄れる恐れがあったからです。創業以来の出光の社名がなくなることへの抵抗感もありました。創業家が合併に反対する理由として挙げたのは出光と昭和シェルの「カルチャー(企業風土)」の違いです。

出光は創業当初からイランとの関係が深く、サウジアラビアと親密な石油メジャー（国際石油資本）系と一緒になることに反発しました。出光の歴史は民族系石油会社の雄として、世界の石油市場を支配する石油メジャーとの戦いの歴史だったからです。社風や出自の違う「他の家族」と一緒になって出光興産が変質してしまうことを創業家は嫌いました。

創業家の強い抵抗にあい、会社側も統合交渉を進められなくなり2016年10月に合併延期を発表しました。創業家と経営陣がにらみ合う状態が1年以上続きました。膠着状態を破ったのは会社側です。出光の経営陣は2017年7月、最大1385億円の公募増資を実施すると発表。発行済み株式の3割に相当する大量の新株を発行し、調達した資金を借入金返済や海外事業への投資に充てるという新戦略を示しました。

増資は創業家の持ち株比率を下げる狙いが透けて見えました。創業家は「新株発行が（創業家の）議決権保有割合を低下させる目的であるのは明らか」とし、増資の差し止めを求めて東京地裁に仮処分を申し立てました。

しかし請求は棄却されて増資が行われ、創業家の出資比率は34％から26％に低下し、合併など重要事項に反対する「拒否権」を失いました。発行済み株式の3分の1以上（33・4

%）をもたないと、経営の重要事項に対する拒否権を振るえません。

東京地裁は創業家の申し立てを棄却するに際し、「創業家の出資比率を相当程度減少させ、支配権をめぐる争いを有利にする目的があった」とは認定しつつも、資金調達の必要性も認めて、公募増資による新株発行は「著しく不公正な方法とは言えない」と結論付けました。

地裁の判断はニッポン放送事件（2005年）の裁判所の結論とは逆でした。旧ライブドアとニッポン放送のグループ会社だったフジテレビがニッポン放送の経営支配権を争ったこの事件では、ライブドアによる支配権獲得を阻止するためにフジテレビに議決権の過半数を超える新株予約権の発行を決めたニッポン放送の奇策が裁判所で差し止められました。裁判所はどうして正反対の判断を下したのでしょうか。

出光の増資の場合、誰もが株を買える公募増資という手法を選んだことが、会社側に有利に働きました。公募増資なので創業家は資金さえあれば、株式市場で自由に同社の株を買い増しできます。ニッポン放送がフジテレビに与えようとした新株予約権と違って、特定の株主に限って株を与える手法ではないことから東京地裁は差し止めの必要はないと判断したのです。

一般的に経営支配権をめぐる争いでは、経営陣は第三者割当増資によって敵対者の持ち株比率を下げようとし、裁判でその正当性が争われます。会社側は通常、経営陣を支持する第三者に新株を発行して自陣の味方につけようとします。こうした増資が一般株主の利益を害する不公正な発行に当たるかどうかを見るために、裁判所が使うのが「主要目的ルール」です。この場合、会社側が合理的な資金調達目的があることを一応示せば、裁判所は増資を認めます。今回の出光の件でも東京地裁はこのルールを踏襲したのでした。

増資により出光創業家は拒否権を失いました。しかし、創業家はその後も出光株を市場で買い増しして28％まで持ち分比率を増やしました。あと5％の出光株をもつ株主が創業家に味方すれば、再び創業家は拒否権を手にできる計算です。創業家は徹底抗戦の構えを崩しませんでした。

資本の暴走を封印

なぜ、出光創業家はここまで強硬に合併に反対したのでしょうか。そこには、創業家ゆえの「感情的な思い入れ」があります。創業家には、長年にわたる経営の労苦から企業への感情的な一体感が醸成され、自身のアイデンティティーを会社と結びつける傾向があることは先ほど説明した通りです。出光の創業家にはとりわけそうなる要素がありました。

百田尚樹氏の小説『海賊とよばれた男』のモデルとして近年再評価された出光創業者の出光佐三氏（1885～1981）は、「日本のマルクス」と異名をとったユニークな経営者でした。マルクスは『資本論』で資本家階級が労働者を搾取する資本のメカニズムを克明に描き出しました。

佐三は官立の東京高等商業学校（現一橋大学）と並ぶ実業家養成機関だった神戸高等商業学校（今の神戸大学経済学部）に学びました。当時の超エリートコースを歩みながら、戦前の拝金主義の資本家を嫌い、「黄金（資本）の奴隷になるな」と自分や社員を戒め、マルキシズムの主張との間に一種の一致点を感じていました。ただ佐三がマルクスと根本的に違ったのは、モノが人間の社会関係すら規定するという唯物論に陥らず、「人間」の精神力を重視する姿勢でした。

労働者と資本家との対立を防ぐ手段として佐三が用いたのが「資本の封印」です。佐三は出光の大株主でオーナー経営者です。その大株主兼経営者が、利益至上主義ではない経営を貫くことで、資本家と労働者の対立の元凶である「資本の運動」に歯止めをかければ争いはなくなると考えたのです。

過剰な株主還元要求など、株主のモラルハザードを防ぐために佐三が選んだ選択肢が、上場を回避して非上場企業であり続けることでした。

資本を封印し、資本家が支配するのではない社会を目指せば、「労働(人間)」が前面に出てきます。出光社内には強欲な資本家・株主が存在しないのだから、資本家階級に対抗する労働組合はそもそもいらないし、従業員の仕事ぶりをいちいち管理する必要もなくなり、社員一人ひとりが自律的に働くようになる。佐三は「大家族主義」、「人間尊重主義」を掲げ、従業員と経営者が一致団結した組織を目指しました。

「定年も、タイムカードも、労働組合もいらない」という彼の独特の考え方はいつしか、「人間尊重の経営」と呼ばれるようになりました。佐三は最晩年に寄せた社内報の寄稿で「人間が大事である、人間がそのすべての中心でなければならない」と信念を吐露しています。

資本の増殖を止めるのですから、配当や株価上昇にしか関心をもたない多くの株主を受け入れることになる株式公開（上場）は佐三の眼中にはなからありませんでした。そればかりか佐三は1911（明治44）年に出光商会を創業してから、翼賛体制を強める軍部の圧力によって1940（昭和15）年に出光興産株式会社をしぶしぶ設立するまで30年近く、自分の会社を株式会社組織にもしませんでした。

株式会社にすることによって所有と経営が分断されて責任の所在が不明確になったり、見ず知らずの外部の資本家に社員たちがせっかく稼いだ利益が流出したりするのを、佐三は恐れたのです。

しかし資本市場からの資金調達の機会を自ら閉ざした当然の帰結として、成長に必要な資金を銀行借り入れに頼らざるを得ず、佐三は常に資金繰りで苦しみました。晩年の佐三は「私の一生は資金繰りだった」と述懐しています。出光興産が上場したのは佐三が1981年に亡くなってから四半世紀後の2006年のことです。

創業家は「見る景色」が違う

こんな個性的な経営者がいたのですから、出光創業家に佐三の思想が強く染みついていることは想像に難くありません。企業統治推進機構の佃秀昭社長は「一般論として、普通の株主とは違う『感情』が入り込むのが創業家の厄介なところ」と指摘します。とりわけ佐三には資本主義の根幹である資本の運動さえ抑え込もうとした思想性がありますから、「経済合理性で判断する一般株主が見る景色と、創業家が見る景色がまるきり違っていても不思議ではない」(佃氏)。

しかしこうした教条主義的な理念は、他の一般株主の共感を必ずしも得られるとは限りません。石油業界が直面しているのは、二酸化炭素排出の多い化石燃料の急激な需要縮小と、太陽光発電に代表される再生エネルギーへのシフトです。投資家も気候変動リスクを現実の投資リスクと認識するようになり、石油、石炭など化石燃料資産からの資金引き揚げ(ダイベストメント)が実際に海外では始まっています。

出光経営陣が昭和シェルとの合併を急いだのも国内での不毛な販売競争をやめ、エネルギー業界の構造変化に対応する狙いがありました。出光家が経営者に異議を唱えるのであれば、有効な代替案を示す必要があったのに、創業家は「物言う株主」ではあっても、合併とは別の成長戦略を示せませんでした。

名門企業の創業家と出光創業家を見比べると、出光創業家と経営陣の対立がいかに酷かったかは明らかです。日本最強の製造業であるトヨタ自動車の豊田家は株式保有こそ1％前後と少ないものの、現社長の豊田章男氏がそうであるように、同族出身者が社長を長く務め、「自分たちの会社」と思えるウエットな関係を会社と築いています。トヨタ自動車は事実上の創業者である豊田喜一郎氏から現社長の豊田章男氏まで10人の社長が歴任していますが、このうち5人が豊田家出身です。

2000年代の武田薬品工業のグローバル化を支えた創業家三男の武田國男氏は10年間の社長在任期間中に時価総額を3兆円増やし、不採算事業から撤退して医薬品事業への集中を進めました。会社側も武田家の「求心力」を良き経営資源として利用し、サラリーマン社長では腰が引ける大胆なリストラを國男氏の下で行い、同族経営のプラス面を引き出しました。

これに対し、出光では経営陣と創業家が抜き差しならない関係となり、経営陣は創業家の出資持ち分を下げる荒技まで繰り出して創業家の影響力を削ごうとしました。経営陣は覚悟の上でケンカを売ったのだから、創業家の主張が通るわけはありません。

創業家のあるべき姿

対立であらわになったのは、上場によって「所有と経営の分離」が果たされた後も、責任ある大株主としての新しい役割や責任を自覚しない創業家の姿です。「大株主として企業価値の向上、持続的な成長を顧みずに、経営側の選択肢を狭めることは、単なるエゴと見られても仕方ない」とガバナンス助言会社のプロネッド（東京・港）の酒井功社長は指摘します。上場した後も創業家の頭の中で「出光家の会社」であり続けたことがそもそもの混迷を招いた原因だったのではないでしょうか。

互いに譲らなかった両者ですが、2018年、経営側と創業家は電撃的に和解し、創業家はシェルとの統合を受け入れました。創業家は統合に賛成する条件として、①出光興産の称号やロゴマークを残す、②創業家が推薦する取締役2人を新会社に入れる、③向こう3年間で計5000億円以上の純利益を稼ぎ、その半分以上を配当や自社株買いで株主に還元する――ことを求め、会社側が応じました。

出光創業家も一枚岩ではありません。「株主としてのガバナンス」か「君臨すれども統治

図表3-1　出光経営陣と創業家の合意のポイント

●出光興産の称号・ロゴマークを維持
●統合後に取締役2人を創業家が推薦
●会社側が1200万株の自社株買いを実施
●純利益の50%以上を配当などで株主還元

せず」か。意見は微妙に割れていました。

会社側はこのズレを巧みに突き、新会社の社名に「出光」を冠することで創業家の面目を立て、株主還元により株主としての要求も満たすことで懐柔した形です。

関係者は「これしか落とし所がなかった」と明かします。このまま内輪で不毛な対立を続けていれば、エネルギー産業の世界的な「脱炭素」の流れに乗り遅れるのは必至でした。

暴走した創業家出身オーナー

住宅設備大手LIXILグループでは首脳人事をめぐって、創業家出身の経営者が外部招聘のプロの経営者と支配権争いをしました。半年以上に及んだ対立は、社長指名のあり方、社外取締役の有効性などガバナンスの根幹に関わる問題について多くの示唆と教訓を与えてくれます。

2018年10月、「プロ経営者」として知られる瀬戸欣哉社長兼CEOが突然、解任されました。そしてLIXILの取締役会議長だった創業家出身の潮田洋一郎氏が瀬戸氏の代わりに会長兼CEOに、潮田氏の東大以来の盟友であるコンサルタント出身の社外取締役、山梨広一氏が社長兼最高執行責任者（COO）に就く首脳人事が発表されました。

後で瀬戸氏がメディアに明らかにしたところによると、海外出張中の瀬戸氏のもとに突然、潮田氏から電話が入り「自分が（社長として）やりたいので辞めてほしい」と通告してきたそうです。唐突な退任勧告に事情が飲み込めない瀬戸氏が「今辞めるのは無責任だ」と反論すると、潮田氏は「これは指名委員会の総意だ」と話し、辞職を受け入れさせました。

潮田氏の突然のCEO就任発表を受けてLIXIL株は400円程度も急落しました。その前週に同社は業績を下方修正しており、コーポレートガバナンスと企業業績の二重の不透明さを市場は警戒したのです。

外部からプロ経営者を招いたはいいが、最高実力者がにらみを利かせて改革の足を引っ張るという構図は、インサイダーで固まった日本企業ではよくあることです。瀬戸氏の1代前のCEOであるプロ経営者の藤森義明氏（元ゼネラル・エレクトリック日本法人会長兼社長）も潮田氏から海外事業の失敗を理由に首を切られました。瀬戸氏は事業の集中と選択を大胆に推し進め、潮田氏の肝いりで買収したイタリアの建材会社の売却を決めたことが、潮田氏の怒りを買ったと言われています。

瀬戸氏はいったんは辞任勧告を受け入れましたがその後、この解任人事が不当だとして「復権」を狙って、自身を含めた形で独自の取締役候補者を立て、次の定時株主総会に株主提案として諮ると宣言。新旧のトップが会社支配権をめぐって総会で真っ向から争うことになりました。

突然の不可解なトップ交代は海外投資家の反発も招きました。複数の海外投資家が瀬戸氏の解任を「唐突感があり交代のプロセスが不透明」、「トップ人事をやり直すべきだ」などと批判。「ガバナンスの不全をただす」として臨時株主総会の開催を要求し、ついには外部の弁護士による実態調査が始まりました。

臨時株主総会が開かれると、潮田氏が今度は逆に取締役を解任される可能性が出てきます。そこで潮田氏は総会が開かれる前に自ら辞意を表明しました。辞任の理由は、瀬戸氏に経営の舵取りを委ねて結果的に会社の業績不振を招いたという任命責任です。自らの地位をなげうってでも、瀬戸氏の「復権」を阻もうとする狙いが透けて見えました。

潮田氏の辞任により、臨時株主総会開催は見送りになったのですが、辞任会見の席上、潮田氏は取締役辞任後も引き続き、同社の経営に関わる意向を示しました。6月の定時株主総会は潮田氏と瀬戸氏が経営権を奪い合う「決戦」の場になると株主・投資家は予想しました。

こうして迎えた定時株主総会では、瀬戸氏らが株主提案した8人全員（うち2人は会社側も共通推薦）の取締役選任議案が可決されたのに対し、会社側が提案した10人のうち2人は否決されました。結局、両方合わせて14人の取締役が選ばれ、瀬戸氏陣営が取締役会の過半を占めることとなって、瀬戸氏が正式にCEOに復帰しました。

数の上では瀬戸氏の勝利でしたが、これを株主側の圧勝と見るのは間違いです。株主提案の候補者は瀬戸氏も含め大半が50％前半という、可決すれすれの賛成率だったからです。

図表3-2　LIXILの株主総会で選ばれた取締役（敬称略）

会社側	株主側
大坪一彦（LIXILグループ執行役副社長）	瀬戸欣哉（LIXILグループ取締役）
三浦善司（リコー元社長）	伊奈啓一郎（同上）
河原春郎（JVCケンウッド元会長）	川本隆一（同上）
内堀民雄（ミネベアミツミ元取締役）	吉田 聡（LIXIL取締役）
松崎正年（コニカミノルタ取締役会議長）	浜口大輔（企業年金連合会元理事）
カート・キャンベル（元米国務次官補）	西浦裕二（三井住友トラストクラブ元会長）

［両者共通の候補］
鈴木輝夫（あずさ監査法人元副理事長）、**鬼丸かおる**（元最高裁判事）

会社側が推した候補も含め、多数の社外取締役が選ばれたことに照らすと、透明・公正なガバナンス体制の構築を求めることが、株主全体の総意だったと推察できます。1年後の2020年6月総会で旧経営陣が推した6人のうち4人が退任し、名実ともに瀬戸CEOの権力体制が確立しました。

機関投資家は瀬戸氏側を支持

決戦の舞台となった2019年の株主総会で大きな鍵を握ったのが、機関投資家の議決権行使です。

総会前に機関投資家の判断に大きな影響を与える議決権行使アドバイザーが、潮田氏の意向を色濃く反映した会社提案を概ね支持したのに、多くの機関投資家はそれに従いませんでした。これは珍しいことです。

日本大学元教授の稲葉陽二氏（ソーシャル・キャピタル論）は「資金運用を任せてくれた顧客への説明責任を果たすため、会社側、株主側のどちらの言い分が正しいのかを多くの投資家はISSなどの推奨に従わず、自分で判断した」と指摘します。

議決権行使アドバイザーのISSは、瀬戸氏の選任に反対推奨を出しました。CEOに足る資質を評価する判断材料が十分にないという理由です。一方、会社側が次のCEO含みで提案した社外取締役候補の三浦善司・元リコー社長の選任にISSは賛成しました。このISSの判断に多くの投資家が首をかしげました。

三浦氏はプリンター事業の失速により経営不振に陥ったリコーを立て直せず、2017年に社長を退いていたからです。事実上の解任でした。一方、瀬戸氏は創業社長として工具のネット通販会社MonotaRO（モノタロウ）を成長させた華々しいトラックレコード（実績）があるのに、ISSはこれに言及していません。ISSの意見は「ダブルスタンダードの判断で説得力に欠ける」と多くの機関投資家が受け止めました。

アベノミクス下のガバナンス改革はこれまで見てきたように、社外取締役が中心の取締役会が経営陣を監督する、いわゆるモニタリング・モデルの採用を求めてきました。

潮田氏の影響下で作られた会社提案はこの流れに沿い、ISSなどの賛成を取りつけることを念頭に、取締役候補に会社と利害関係がない社外者を多数揃えることを優先したのです。議決権アドバイザーは社外取締役の選任を強く推奨する傾向があるからです。

会社提案は取締役候補10人のうち社内者が1人のみで、あとの9人はすべて社外者でした。一方、瀬戸氏らによる株主提案は、瀬戸氏を含めて4人が社内のため、取締役会の中立性で見れば、会社提案の方が一見、優れているように映ります。

会社側は「現任の取締役が全員退任し、まったく新しい取締役会になる」、「社外取締役が全体の9割を占める」とアピールしました。しかし、それはあくまで「外形基準」であって、誰が経営者としてふさわしいかの「中身」を重視する機関投資家の多くは、会社提案やそれを推奨するISSに疑問の目を向けたのです。

スチュワードシップ・コードの導入により機関投資家は議決権行使の結果を開示しなけ

ればならなくなりました。資産運用の依頼者に合理的な説明をするために、各投資家は推奨理由に説得力がない議決権行使アドバイザーの提案に安易に乗ることができなかったのです。なかには、ある生保のようにどちらが勝っても団体生命保険の営業に支障が出ないように、両方の議案に賛成票を投じたところもありましたが、会社側が負けることがなかった日本の株主総会の歴史からすると大きな変化を感じさせる出来事でした。

指名委員会を権力維持の道具に

ここからはトップ選任の話に戻りましょう。

潮田氏の強権発動の舞台となったのが指名委員会です。関係者によれば潮田氏は旧知の経営コンサルタントから「指名委員会さえ握っておけば、いつでも（お雇い社長の）首を取れる」と忠告を受けていたのだそうです。

その言葉通り、潮田氏は指名委員会の委員長に気心の知れた山梨氏を充て、他の委員も自分が連れてきた社外取締役でした。社内取締役は潮田氏1人でした。潮田氏は指名委員会をいつでも意のままに動かせるよう周到に準備をしていたのです。

瀬戸氏解任を決めた指名委員会や取締役会の議論は、潮田氏と盟友の山梨氏の2人が主導し、他の社外取締役の意見を抑えて、最終的に自分たちの案を飲ませました。自分で自分を指名したのも同然です。争いの一方の当事者が自分の人事に関与して経営権を奪取するというのは、どこか間違っていると普通の人なら思うはずです。

この選任プロセスに問題がないのか。同社に問い合わせると「法令上、選任・選定の候補者は、決議から外れる『特別利害関係人』に該当せず、指名委員会や取締役会の決議に参加できる。手続き的に違法なところはない」（コミュニケーションズ&CR部）という答えが返ってきました。

しかしガバナンスは、違法でなければ何をしてもいいわけではありません。そこには資本市場に集まる投資家の信頼を確保するための、透明性と公平さが求められるからです。日大の稲葉元教授は、「通常の人事を審議する場合は、どのような会議体でも当事者を外して議決するのが普通。LIXILは世間的には企業統治の先進企業と見られてきたが、常識が働かないことを露呈した」と批判します。

潮田氏の新体制もガバナンス的に大きな弱点がありました。

同社は監督と業務執行を分離する指名委員会等設置会社です。東芝の章でも出てきましたが、指名委員会会社は指名・報酬・監査の3委員会の設置を法律で義務付けられ、いずれの委員会でも過半数を社外取締役とすることで経営陣を監督することが想定されています。

潮田氏が経営の最高責任者であるCEOと、取締役会を主宰する議長を兼任しては、冷静かつ適切な経営判断ができないことは容易に想像がつきます。エージェンシー理論をひもとくまでもなく、経営者と監督者が一体ではそこに利益相反のリスクが生じます。潮田氏の統治スキームは最初から大きな自己矛盾をはらんでいました。

「CEOと取締役会議長の兼任を選択した段階で潮田体制はすでに、違法ではなくても会社法の精神から大きく外れている」(稲葉元教授)。潮田氏は権力牽制のメカニズムであるはずの統治モデルを逆手に取って己の権力維持に使おうとしました。「それは明らかに一線を越えている」と多くの人の目には映りました。

創業者のパッション

LIXILと同じような権力の乱用が繰り返されないためにはどうすればいいのでしょ

うか。

外部の大手法律事務所がまとめた調査報告書によると、潮田氏は指名委員会を招集し、瀬戸氏がCEO辞任の意思を固めていると説明したことが明らかになっています。「あたかも瀬戸氏がCEOを辞任する具体的かつ確定的な意思を有しているかのような発言をした」（報告書）。

潮田氏は自身のCEO復帰と、友人である山梨氏のCOO就任を指名委員会で決めました。そのとき、潮田氏は指名委員であり、かつ委員会で唯一の社内取締役でした。山梨氏は社外取締役の立場で指名委員会委員長の重責を担っていました。先ほど触れたように、両者ともその採決に参加していました。「（CEO復帰を目指して）自分の都合のいいように、指名委員会での説明をねじ曲げたとしたら、信義則的に大きな問題がある」と稲葉元教授は指摘します。

東大の田中亘教授は「これから内部者になる山梨氏が、社外取締役の立場で採決に加わっているのは不適切。指名委員会が十分に機能していなかった」と見ます。指名委員会の採決の後に開かれた取締役会では「（潮田氏らによる）お手盛り人事ではないか」といった反対意見が出ましたが、潮田氏が押し切りました。報告書も社外取締役を含む多くの取締役に、オーナーの潮田氏に対する「遠慮」があったと認定しています。

「私もプロといえばプロ」

潮田氏は瀬戸氏解任後に経済誌の取材でこう語り、自らCEOとして経営にあたることへの自信と自負を示しました。住宅設備大手の旧トステムを創業した実父の潮田健次郎氏（1926〜2011）の背中を見て育った二世経営者の潮田氏はトステムや旧INAXなど同業他社を糾合したLIXILの事実上の創始者です。

こうした創業者のパッション（情熱）は決して否定されるべきものではないのですが、会社にかける思いが根源的であるからこそ、制御も難しい。そこで権力へ健全な牽制機能を働かせることが本来のコーポレートガバナンスのあるべき姿ですが、LIXILにはその制御装置が欠けていました。

田中教授はトップの選任などの重要な議案では、指名委員を臨時的に増員し、「拡大指名委員会」を機能させることを提案します。平時から指名委員長を社外者にしておくことも大切です。自分で自分を選ぶ不正の芽をあらかじめ摘んでおけば、経営陣が対立した非常時にも株主・投資家への説明責任を果たせるからです。

説明責任果たせる仕組みを

LIXILの紛糾を歴史的なパースペクティブで眺めると、創業オーナーの潮田氏が暴走してしまったのは同社の取締役会改革が道半ばだったことも影響していると考えられます。

かつて日本の取締役会といえば数十人の生え抜きの役員で構成し、社長は同輩中の第一人者の位置付けでした。会社が本当に危機に瀕したときは、三越や松竹で取締役会が問題行動のあった経営者を解任したように、ある程度の牽制機能がそれでも保たれていました。

しかし、1990年代以降、取締役会が経営の意思決定を速めるためにスリムになり、相対的にトップの権限が強くなったのに、「それを牽制するはずの社外取締役による規律付けが十分に備わっていなかった」（田中教授）。LIXILも社外取締役による牽制メカニズムが十全に働かないなかで最高権力者の暴走を許してしまったわけです。

首脳人事を最終決定した取締役会では、指名委員の2人の女性社外取締役（日本人作家と米国人弁護士）が別の会合への出席を理由に途中退席し、採決に参加しなかったことも報告書で明らかになっています。

「トップを決める最も大事なときにいないのでは、社外取締役の役割を放棄しているに等しい」（稲葉元教授）。

2人の行動は非難されてしかるべきですが、会社と利害関係のない社外取締役に経営陣のモニタリングを全面的に委ねて安心してしまうのも考えものです。ガバナンス改革で一躍脚光を浴びた社外取締役ですが、監視される人（経営トップ）が監視する人（社外取締役）の人事権と報酬決定権を事実上握っているのだから、そこには自ずと限界があります。

社外取締役の「独立性」は公正さを必ずしも保証しません。会社から独立しているということは、会社の先行きなどにまったく関心を示さない人物を選ぶという事態にすらなりかねません。権力者の暴走を止める「最後の砦」としての役割を社外取締役が適切に果たす能力や識見があるか。株主が株主総会などの場を通じチェックすることも必要になってきます。

キッコーマンの叡智

同族経営の強みと弱みを踏まえ、ガバナンスを整備してきたのが醸造調味料大手のキッコーマンです。同社は千葉の有力醸造業だった茂木一族と高梨一族の8家が1917（大正6）年に設立した「野田醤油株式会社」が前身です。

8家の間ではたびたび主導権争いが生じ、その対策として野田醤油に入社できるのは1家から1世代1人のみとの申し合わせを作りました。茂木、堀切、中野、高梨家など8家では有能な人材を輩出すべく、子どもの教育に熱心に取り組みます。意思と能力のある者が選抜されるメリトクラシー（能力・業績主義）に基づいてリーダーを輩出する仕組みがこうして作られました。

「創業家出身でも無能なダメ人間が社長になった例はかつてない」とキッコーマン取締役名誉会長で取締役会議長の茂木友三郎氏は言います。各家の支配欲を上手にコントロールして競わせるとともに、感情的な一体感を醸成する仕組みと言えるでしょう。

こうしてキッコーマンは同族内の争いを避け、そのエネルギーを外部との競争に向けることに成功したのです。

同社は「外の目」による牽制も早くから導入しました。任意の指名委員会を設けたのはアベノミクスのガバナンス改革が始まるよりもはるか以前の2002年で、同じ年に社外取締役も選任しました。同社でも同族出身者が一般社員より経営幹部に登用されやすいのは確かですが、社長選任は透明性をもたせて指名委員会で議論しています。現在の堀切功章社長CEOの前には、2代続けて非同族出身者をトップに選びました。

今は11人の取締役のうち4人が社外取締役でガバナンス・コードが求めている「3分の1以上」の要件を満たします。このように伝統的な同族企業であっても道理とやる気さえあれば、ガバナンスを適切に利かせられるのです。

ファミリー企業には光と影の両面があります。不祥事やお家騒動につながるような悪いところを真似することは余計ですが、経営者と株主の間のエージェンシーコストが低い、大株主である創業家がいわば機関投資家として経営者をモニタリングするといった強みは、一般の上場企業も大いに学ぶところがあるでしょう。ここに日本の上場企業全体の経営力やコーポレートガバナンスをもう一段上の水準に引き上げるヒントが隠されています。

第4章

牙むくアクティビスト

――会社と株主、変わるパワーバランス

日本で投資ファンドによるシェアホルダー・アクティビズム（株主行動主義）が注目されたのは２０００年代です。当時、日本市場で活発に活動したのは、元通商産業省官僚の村上世彰氏が代表を務めた旧村上ファンドや米スティール・パートナーズなどです。彼らは当初、物言う株主に不慣れな中堅以下の上場企業を相手に良好なリターンを上げました。しかし、安定株主に守られた大企業に次第に標的を移すに従い、企業の強い抵抗や拒絶にあって十分な成果を上げられなくなり、リーマン・ショック（世界的な金融危機）を機に鳴りを静めました。

ところが世界的なカネ余りを背景に２０１０年代初頭から欧米でアクティビズムが再興し、日本でも米国の主流派のアクティビストであるサード・ポイントがソニーやＩＨＩ、ファナックといった有力企業に事業再編や増配などの要求を突きつけるなど、欧米の投資ファンドが陸続と再上陸してきました。

アクティビストが狙うのは、過剰な現預金をもつ会社や、本業とかけ離れた事業を抱えるなど事業ポートフォリオが不適切な会社です。日本の会社法は、株主総会における株主権を主要国の中で最も強く保証しているため、アクティビストは総会で株主提案権を積極

図表4-1　株主提案は年々増えている

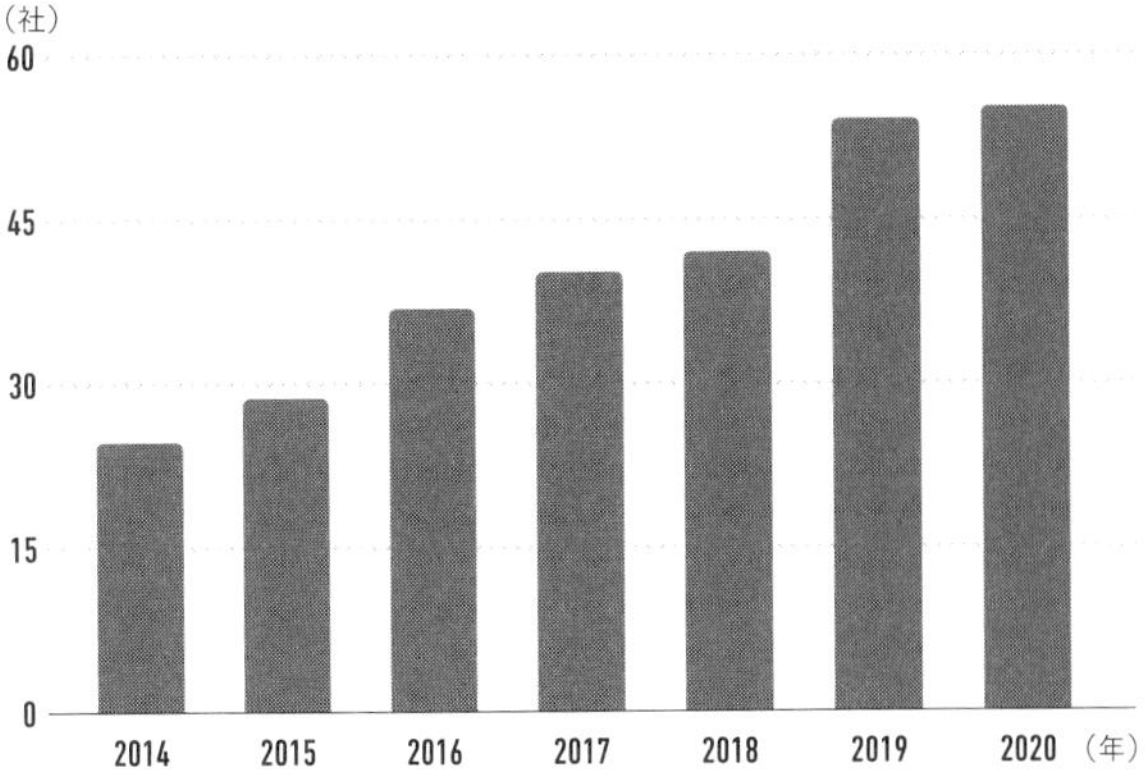

出所：三菱 UFJ 信託銀行　注：6月総会で株主提案を受けた企業数

的に行使し、企業を揺さぶることが多いのです。今や日本は米国に次いでアクティビスト活動が活発な市場となり、アクティビストがこれまでに日本の株式市場に投じた資金は2兆円以上に上ります。第2章でも東芝と海外株主との争いを紹介しましたが、株主権を強化するガバナンス改革の追い風もあり、海外勢の目には日本が大きな投資機会と映っているのです。

TBS、物言う株主と火花

アクティビズム復活を象徴する動きとして話題を呼んだのが、TBSホールディングス（以下ＴＢＳ）と英国のアクティビスト「アセット・バリュー・インベスターズ（ＡＶＩ）」の戦いです。ＡＶＩは２０１８年の株主総会に株主提案を出し、ＴＢＳがもつ東京エレクトロン株約７７０万株の４割、３００万株を配当財産として株主に現物配当するよう求めました。

アクティビストは余剰資産を売却した利益で増配や自社株買いなどの株主還元を求めるのが普通です。あえて現物での配当を要求したのは「株式相互持ち合いの問題点を象徴的に浮かび上がらせたかったから」と、ＡＶＩのアドバイザーを務めたスティーヴン・ギブンズ上智大学教授（会社法）は明かします。現物配当の対象として持ち合い株を要求することで、議決権の空洞化を招くとの批判がある株式持ち合い慣行をクローズアップする狙いでした。

このアナウンス効果は絶大でした。ある外資系ファンドの日本事務所には海外顧客から早速、問い合わせがありました。運用担当者が実際にＴＢＳの経営を精査したところ、「こんな会社が米国にあったら、すぐＴＯＢ（株式公開買い付け）かＬＢＯ（買収先企業の資産を担保に買収資金を手当てする手法）で他社に買われている」と感じたと言います。そう判断した理由は、持ち合い株をはじめとする保有資産が経営効率を著しく低下させていたからでした。

ＡＶＩ側の株主提案書によると、東京エレクトロン株など政策保有株がＴＢＳの総資産の54％を占め、東京エレクトロン株だけで資産総額の19％に上ります。テレビ業界はどこも株式持ち合いをしていますが、資産に占める持ち合い株比率の高さでＴＢＳは群を抜きます。持ち合い株の配当利回りは１％前後にとどまります。これがアクティビストの目に、資本の大きな無駄遣いと映りました。

「巨大で合理性のない株式持ち合いは、コーポレートガバナンス・コードが掲げる資本効率の向上と政策保有株縮小という基本原則に反している」（ギブンズ氏）。

実際、ＴＢＳのＲＯＥ（株主資本利益率）は過去5期平均でわずか3％弱。株価純資産倍率（ＰＢＲ＝時価総額÷純資産）は過去10年間、ずっと1倍を割り込む水準（株価が簿価より低い）です。これは企業の解散価値より低い評価しか株式市場から受けていないことを意味し、株主価値を毀損している状態と言えます。ＡＶＩはこのような非効率な経営が許されてきたのは、強固な株式持ち合いが原因だと指摘したのでした。

株持ち合いの合理性

株式の持ち合いは企業間の取引関係の強化に役立つ効果がある一方で、企業が互いに経営陣を支持する形で議決権を行使し合う結果、一般株主の議決権行使が空洞化し、経営の規律が損なわれたり、資産効率の低下を招いたりするデメリットがあるとされます。

実際、ＴＢＳにはそれを裏付けるようなデータがあります。ＴＢＳの社内取締役の自社株保有額（中央値）は１３００万円と、主要５００社平均の半分にとどまります。これでは、経営陣が一般株主の目線に立って企業価値向上を目指すインセンティブが欠けているとみなさざるを得ません。

遠藤元一弁護士は「株式市場のショートターミズム（短期利益志向）の弊害を弱める意味で日本の政策保有の慣行が一義的に悪いとは言えない。しかし、そこに目をつけられた以上、会社側は社外取締役や一般株主が納得できる合理的な説明をしなければならない」と指摘します。

ＴＢＳの持ち合いは東京エレクトロンだけではありません。それ以外でもリクルートホールディングス、東レ、大塚ホールディングス、ビックカメラ、三井不動産については「TBSの本業との関係が希薄で株式保有を正当化できない」と株主側は批判しました。

多くの関心を集めたTBSの株主総会でしたが株主提案の賛成率は11％にとどまり、会社側の圧勝に終わりました。これは事前に予想できたことでした。金融機関を含めたTBSの安定株主比率は8割前後。いくら物言う株主が「正論」を掲げても安定株主の分厚い壁により株主提案が可決されることはあり得なかったのです。

ただ、株主が問題提起した効果はありました。TBSは持ち合い株を適宜売却しそれで得た資金を成長投資に使っていくと発表。持ち合い相手の中からもリクルートのように、自社のガバナンス改善のために持ち合い解消を始める企業も出てきました。資本市場の圧力はじわじわとTBSを変え始めています。

ブルドックの「変心」

ブルドックソースは2019年、2020年3月期の配当を実質2倍に引き上げるとともに、新しい中期経営計画を策定し、株主還元と成長の両方を重視した経営に舵を切ると発表しました。増配は2005年3月期以来です。多くの投資家は「12年前にスティールに言われても無視したのに、今になってなぜ?」と経営陣の豹変に驚きました。

12年前の話とは、2007年に米系投資ファンド、スティール・パートナーズに敵対的TOBを仕掛けられた騒動です。ブルドックはこのTOBに対抗して日本で初となる買収防衛策(ポイズンピル)を発動。スティールとの法廷闘争にも勝利し、このアクティビストを撃退しました。

ブルドックの買収防衛策は、スティール保有の株式のみ持分割合が低下するような、差別的行使条件付きの新株予約権を株主に無償で交付する内容でした。スティールは株主平等原則に反するなどとして訴えましたが、東京地裁、東京高裁、最高裁はいずれもその申し立てを退けました。

東京高裁はスティールのことを「濫用的買収者」、「投資ファンドという組織の性格上、(中略)ひたすら自らの利益を追求しようとする存在」などと否定的な法的評価を下し、買収防衛策を適法としました。総会でも買収防衛策は、出席株主の議決権の約89%、議決権総数の約83%の圧倒的賛成を得て承認されました。

当時、株式持ち合いによるブルドックの安定株主比率は6割前後でしたから、他の一般株主の大半も会社側に味方したことになります。総会後、スティールは保有していたブルドック株をすべて売却し、手を引きました。

これが2000年代半ばの日本の株式市場を支配していた空気感を物語っています。声高に増配や事業売却を要求して経営陣を追い詰める旧村上ファンドの攻撃的イメージが人々の記憶に残り、アクティビストは「ハゲタカ」呼ばわりされていました。東京高裁がスティールばかりか投資ファンド全般を、企業価値を毀損する存在と認定したように、当時の日本社会は海の向こうから来たよそ者を排除したいという「金融攘夷」一色だったのです。

では、ブルドックはなぜ令和時代に入って株主還元を訴えたのでしょうか。その背景には、ガバナンス改革による持ち合い構造の変化があると思われます。

2007年3月期の同社の有価証券報告書を見ると、同社が保有していた純投資目的以外の株式銘柄は116社ありました。ところが直近の2020年3月期ではその数が3分の1の38社に激減しています。通常、株式相互持ち合いはその名称通り、お互いが相手企業の株を買います。どちらから持ち合い解消をもちかけたかは不明ですが、ブルドックの持ち合い株主のうちの7割、80社近くがごっそり抜け落ちたと推察できます。

「本源的価値」上げられず

２００７年のスティールとの係争中、ブルドックは向こう5年間で連結営業利益を２００７年3月期の3・5倍の25億円に増やすと宣言しました。そしてスティールの公開買付価格は同社の「本源的価値」に比べて低すぎると主張しました。

しかし蓋を開けてみれば5年後の２０１３年3月期の連結営業利益は7億円にとどまり、一度も計画に達しませんでした。その後も業績や株価は振るわず、直近（２０２０年3月期）の営業利益は6億円強。ブルドックは10年以上、経営陣言うところの「本源的価値」を引き出せず、株主に報いることはなかったのです。

今振り返ると、スティールを撃退した買収防衛策は企業価値向上には何の役にも立たず、当時の経営陣の支配体制を死守する道具に使われたと見ることができるでしょう。

先ほども触れたように持ち合い株は、経営者の保身に利用されたり、外部投資家のプレッシャーを遮断し株主によるガバナンス機能を形骸化させたりするおそれがあります。そこでガバナンス・コードは持ち合い株を保有する経済的な合理性を説明するよう、上場企業に求めています。

お世辞にも良好とは言えないブルドックの業績を見れば、株を持ち合ってきた企業が、株主・投資家への理由説明に苦慮する姿は容易に想像がつきます。

ガバナンス・コードは企業関係の強化に役立つ側面のある、株式持ち合い自体を否定しているのではありません。相応の投資リターンを求めているだけです。リターンがなければ、株主の影響力を排除するのが目的の防衛策と投資家からみなされてしまい、経営者には持ち合い解消の圧力がかかってきます。

6割あったブルドックの安定株主比率がどの程度低下したかは不明ですが、社名の由来である「番犬」よろしく、かつてスティールを撃退した鉄壁の外堀（持ち合い株主）が狭まってきたのだとしたら、自ら企業価値を高めて備えることも必要になります。ブルドック経営陣が「変心」に至った背後にはきっとこのような力学が働いたのではないでしょうか。

ブルドックの新中期計画では2022年3月期にROEを5・3％と2020年3月期

の2・8％から倍近くにアップさせる計画です。それでもアベノミクスが想定する8％に遠く及びません。株主価値をないがしろにした「失われた12年間」を埋めるのは並大抵ではありません。

アクティビストは「ハゲタカ」か？

一般にアクティビストは資本コスト割れの経営をしている企業や、現預金を過剰に抱えるなどして財務政策に改善の余地がある企業を狙います。アクティビストに標的にされると、その企業の株価は短期的に上昇します。しかし、本来問われるべきは、アクティビズムが企業価値を中長期的に高めることに貢献しているかどうかという問題でしょう。

日本で物言う株主は悪しきイメージが長くつきまとってきました。古くは総会屋が企業社会で暗躍し、企業に脅迫めいた言動をちらつかせて利益を搾り取りました。2000年代の旧村上ファンドは攻撃的な物言いや、経営陣との対立構造を際立たせる「劇場型」と呼ばれるパフォーマンスで世間のひんしゅくを買いました。アクティビズムは乗っ取り屋のような強圧的なアプローチとして日本では否定的に受け止められ、海外でも社会から忌み嫌われる投資活動とみなされることが多かったのです。

先ほどのスティールとブルドックソースの買収防衛策の是非をめぐる訴訟で、東京高裁がアクティビズム全般に否定的な法的評価を下したのはその象徴です。判決では「企業価値についてもっぱら株主利益のみを考慮すれば足りるという考え方には限界があり、採用できない」とも述べ、会社共同体的な会社としての存在意義を認め、株主の所有権を二の次とみなす見解を示しました。当時の日本経済の既成勢力が抱くアクティビストへの警戒や疑念を、司法が代弁した形でしたが、本当にアクティビストは己の利益だけを貪欲に追求するエゴイスティックな存在なのでしょうか？

アクティビズムで企業価値が増大

この問題を考える意味で、「日本におけるアクティビズムの長期的影響」という論文が参考になります。東大の田中亘教授と後藤元教授は、2000年から11年までの12年間に起こったアクティビスト（11社）の介入（株式を5％以上取得）が、中長期的に標的企業の業績にどのような影響を与えたかを調べました。

この期間は、ちょうどスティールや村上ファンドなどが活発に活動していた時期に重なります。

これまで介入から2年後までの影響を調べ、標的企業が株主への分配を増やしていることを明らかにした先行研究はありました。田中教授らは、介入から5年後まで分析の射程を延ばしてアクティビズムが企業業績に与える中長期の効果を確かめました。

企業価値の変化を測る物差しとして用いたのが総資産利益率（ROA）と「トービンのQ」という指標です。

ROAは総資産に対してどれだけの利益が生み出されたのかの収益性の良し悪しをみます。トービンのQは株式時価総額と負債額の和をとり、それを資産の簿価で割ったもので、株式市場の評価を示す代表的な指標です。

トービンのQが1以上ならその企業は株式市場で、保有する資産以上の価値を生み出しているという評価がなされていることを意味します。逆に1より低ければその企業は保有する資産以下の評価しかなく、株主にとっては会社を清算して資産を売却した方が計算上は得になります。

図表4-2　国別アクティビズムのシェア

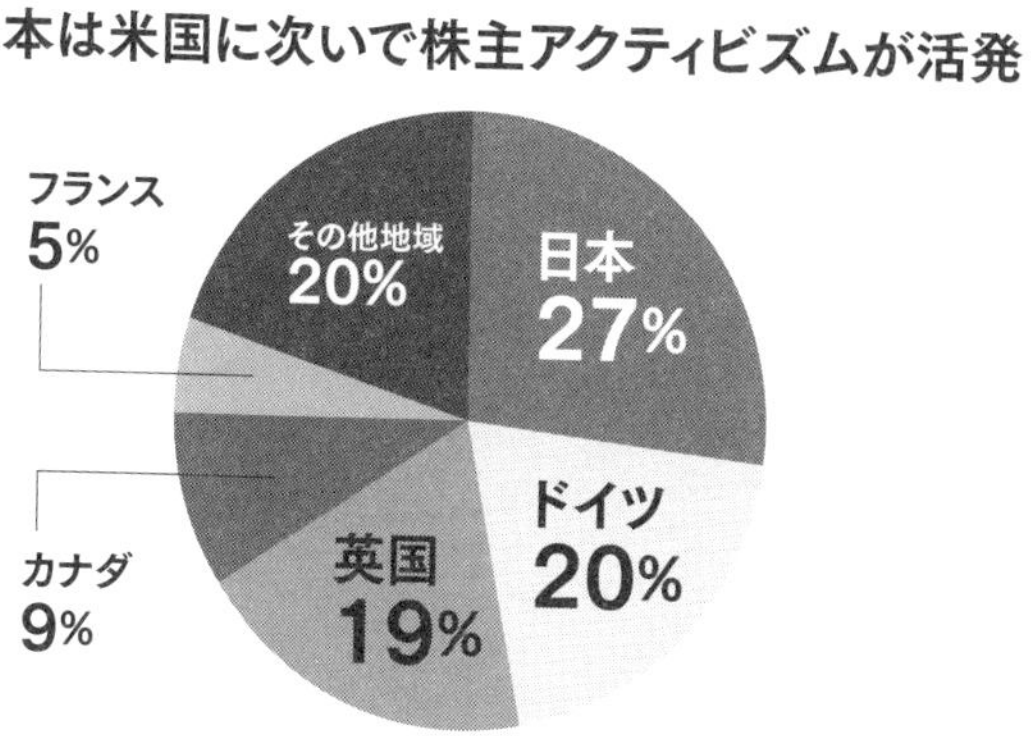

出所：LAZARD　注：投下資本ベース。米国以外のキャンペーンが対象、2019年時点

田中・後藤両教授の研究によると、アクティビストの標的となった260の上場企業のうち、142社が増配や役員の受け入れなど、アクティビストの要求に部分的にでも応じたとみなされる行動を取りました。

そしてこの142社では、介入のなかった同業種の比較企業よりもROAについては統計的な有意性は認められなかったものの、トービンのQは有意に改善しました。興味深いことに、介入から5年が経過した時点でもトービンのQが改善（＝企業価値が増大）し続けていたのです。

これはアクティビストの株主還元要求に応えるために、成長に必要な設備投資を減らしたり、雇用（人員削減や賃金カット）に手をつけたりするなど、短絡的な行動を企業が取らなかったことを示唆するものです。田中教授は「アクティビストが経営の短期志向を助長し、長期的な企業価値を損なうといった傾向は見い出せなかった。彼らを一概にハゲタカと呼ぶのは間違い」と結論付けます。

変容するアクティビスト

最近のアクティビストは攻め方も変化しています。2000年代の村上ファンドなど初期のアクティビストは過剰な資産（持ち合い株、現金、不動産）や不採算事業を抱え、経営効率が低い企業を攻撃し、高い投資リターンを追求しました。

シカゴ大学ロー・スクールのジェフリー・ゴードン教授は「2000年代にアクティビズムが日本で失敗したのは、『株主のため』という考えが、当の物言う株主自身にも浸透していなかったから」と指摘します。

近年の「第2波」と呼ばれるアクティビストは株主還元を要求するだけではなく、企業戦

図表4-3　近年の主なアクティビストの提案

ファンド名	対象企業	要求事項
アセット・バリュー・インベスターズ	TBSホールディングス、帝国繊維	株主還元
サード・ポイント	ソニー	事業再編
オアシス・マネジメント	サン電子	取締役会の刷新
同上	ファミリーマート、アルパイン	株主還元
オフィスサポート（村上世彰氏）	東芝機械	敵対的TOB
エリオット・マネジメント	ソフトバンクグループ	株主還元
インディペンデント・フランチャイズ・パートナーズ	キリンホールディングス	多角化の見直し
ファーツリー・パートナーズ	JR九州	株主還元など

略や事業の内容に踏み込んで中長期的な企業価値向上に役立つ提案を行う場合が多いとされます。そして時には、アクティビスト自身が提案の正当性を根拠に、取締役会メンバーに加わったり、彼らの主張に賛同する社外取締役を送り込んだりして経営改革に協力します。

一方、資本市場でも、アクティビストの提案であってもその内容が合理的であれば、議決権行使アドバイザーや機関投資家が支持するようになり、アクティビズムが成功する事例が増えてきました。

物言う株主は、経営者が株主の利害に反する行動を取る「エージェンシー問題」を解決する存在として、海外では肯定的にとらえられ始めているのです。

日本のオリンパスが経営改革を目的に手を組んだ米バリューアクト・キャピタルはこうした新タイプの「洗練されたアクティビスト」の代表格です。

バリューアクトは米マイクロソフトに2014年に取締役を送り込み、同社をクラウド事業にシフトさせるなど戦略面で貢献したとされます。PDFファイルで有名な米アドビへの介入では、それまでソフト製品の売り切り型だったビジネスモデルを継続課金型に転換させ、アドビの企業価値を高めました。

オリンパスでも2019年6月の株主総会でバリューアクトが推薦した2人の社外取締役を受け入れ、株主目線に立った経営に取り組み始めています。バリューアクトはオリンパスの約5％の株式を保有する大株主です。

同社の長年の懸案はガバナンスの機能不全です。同社はバブル期の財テクで発生した巨額損失を20年近くにわたり歴代経営陣が隠し続けたばかりか、2011年にはそれを問題視した外国人社長を解任し、世間の非難を浴びました。その後も海外子会社の贈賄疑惑を内部告発した社員を不当に処遇して公益通報者保護法違反に問われるなど、問題の多い企業でした。

　バリューアクトがオリンパス経営のどこを具体的に問題視しているかは不明ですが、証券業界でのキャリアが長い一橋大学の藤田勉特任教授は、「高収益の内視鏡事業に集中し、他の不採算事業を売る財務リストラを急がせるだろう」と見ます。実際その見立て通り、同社は低収益のカメラ事業を２０２０年12月に日系投資ファンドに売却し、84年の歴史をもつカメラから撤退することを決めました。

　同社の竹内康雄社長はバリューアクトと組んだことについて「当社の事業をすごく研究していて弱点も的確にとらえている。指摘は厳しいが非常に頼りになる」と肯定的に評価します。

　オリンパス株はバリューアクトからの役員受け入れを発表した２０１９年１月から８割ほど上昇した水準で現在は推移しています。アクティビストがオリンパスを内側から変え始めているのです。

復活した「村上ファンド」

ニッポン放送株の売買に伴う証券取引法違反で有罪判決を受け、シンガポールで鳴りを潜めていた旧村上ファンドの村上世彰氏も再び動き出しました。なかでもネガティブキャンペーンはあるわ、奇策は出るわ、の壮絶なバトルの応酬で話題を呼んだのが、2019年末から20年3月にかけて続いた東芝機械（現芝浦機械）との攻防です。

発端は東芝の上場子会社ニューフレアテクノロジーをめぐるHOYAと東芝の争奪戦でした。再建中の東芝がグループ再編のために、ニューフレアを完全子会社化すると発表。これに対しHOYAがより高い買値を提示して対抗TOBをかけたのです。ここでキャスティングボートを握ったのがニューフレア株の約16％をもっていた東芝機械でした。

株主よりも取引先を重視する従来の日本なら、「親密先だから」、「長い取引関係があるから」といった理由で東芝の提案をあっさり受け入れて済ませられたでしょう。しかし、ガバナンス改革により株主がにらみを利かすなかでは、買い取り価格が安い提案に取締役会もおいそれと賛同できません。HOYAはそこに着目し、高い値段をつけた者が最終的な買い手になるという資本の論理でニューフレアを獲りにいったのでした。

村上氏はこの時点で東芝機械の約1割の株を保有しており、ニューフレアの大株主でもありました。村上氏は「東芝機械は株主価値を最大化するため、きちんと東芝やＨＯＹＡの提案を吟味するだろう」とのコメントを寄せ、東芝機械を牽制しました。

しかし最終的に東芝機械は東芝のＴＯＢに応じることを決定。これが村上氏の怒りに火をつけたのでしょうか。村上氏は東芝機械のＴＯＢを突如発表し、戦いの火蓋が切られました。

村上氏によるＴＯＢに対して東芝機械が用意したのは買収者以外の株主に新株予約権を無償で割り当てる買収防衛策（ポイズンピル）でした。これはブルドックソースがスティール・パートナーズを撃退した際に使ったのと同じ手法です。買収者の保有する株式を希釈化（新株発行により相手の議決権割合を低下させる）し、敵対的買収を防ぐ効果があります。

これに対し村上氏は臨時株主総会を開いて株主による単純多数決で雌雄を決する提案をし、２０２０年3月の臨時株主総会が両者決戦の舞台となりました。

臨時株主総会では会社側が提案した買収防衛策導入とその発動を問う2つの会社提案が

いずれも62％の賛成率で可決。村上氏はこれを受けＴＯＢを撤回し、引き下がりました。

通常、経営陣の保身に使われる恐れがある買収防衛策は株主に不評なのですが、会社側が勝利したのにはいくつかワケがありました。そのひとつは村上氏がＴＯＢで買い付けるとした株式数にあります。

村上氏側は発行済み株式の4割超の取得を目指し、事前に約1割を取得済みでした。あと3割、つまり他の株主がもつ約9割の株のうち、3分の1を買えばＴＯＢが成立します。株主にしてみれば、せっかくＴＯＢに応募しても、高い確率で半数以上の保有株が売れずに残る計算ですから、安易に村上氏の提案に飛びつくわけにいかなかったのです。

東芝機械の捨て身の作戦も奏功しました。２０１７年まで同社の筆頭株主は20％の株をもつ東芝でした。会計不正事件に伴うリストラ資金捻出のために東芝は東芝機械株を２％だけ残して他はすべて売却しました。東芝という後ろ盾が消え、東芝機械は成長重視の新たな中期経営計画を発表。社長交代も同時に行い、長期低迷していた企業価値を高める意思を株主に示し、支持を訴えたのです。

経営力に自信ない？

村上氏は会社経営に自信があるなら全部買い付けにすればよかったのに、部分買収にとどめようとしました。ＴＯＢ成立後の経営方針も明らかにせず「経営権を取るつもりはない」とも発言。多くの株主は「村上氏は自分の手で業績を高める意思がないか、経営に自信がない」と受け止め、大株主が自分で買収の責任を取らないならそれは企業経営に好ましくない事態が生じると判断したのだと考えられます。

ただ村上氏の買収提案がなければ、長く安定株主（東芝）に頼り切りだった東芝機械の経営陣が、株主価値向上に目覚めることはなかったはずで、敵対的買収の脅威が経営者の規律付けに有効であることを示しました。

一連の攻防で村上氏は２０００年代を彷彿とさせる強硬な一面を見せました。臨時株主総会の開催が近づき、形勢不利と見た村上氏が会社側に出した提案です。あと１２０億円以上の自社株買いを実施すれば、条件次第でＴＯＢを撤回するともちかけました。

東芝機械はすでにニューフレア株の売却益を原資にした特別配当（30億円）を発表済み

でしたから、この「誘い水」に乗りませんでした。村上氏側が出した文書にはこう書かれてあります。

――（東芝機械から）売却の要請があり、かつ、その条件が合理的であって（中略）株主価値向上に資すると判断したときは、対象者（東芝機械）との協議に真摯に応じる……

表向きは紳士的な提案のように見えますが、実際は「相対で自分たちの手持ちの株を買い取ってほしい」と言っているに等しい内容です。「これでは米国の悪名高きグリーンメーラー（標的企業の株式を買い集め、その企業に高値で引き取らせる投資家）がやっていることと変わらない」と受け止める向きは少なくありませんでした。衣の下に鎧が見えた瞬間でした。

最強アクティビストとの戦い

世界的な金余りを背景に投資ビジネスに急速に事業構造を転換してきたのが、孫正義氏が率いるソフトバンクグループです。2014年に米通信会社スプリントを1・8兆円で買収。2016年には英半導体メーカーのアームを3・3兆円で買収し、2017年には10兆円の資金規模が話題を呼んだ「ソフトバンク・ビジョン・ファンド」を立ち上げました。しかし、新興企業に投資し、資産と負債を膨張させる孫氏のビジネスモデルは2019年の夏頃から変調をきたし始めます。

まず、投資先の米シェアオフィス大手ウィーワークの運営会社であるウィーカンパニーが乱脈経営などで経営難に陥り、インドの格安ホテルチェーン、OYO（オヨ）ホテルズアンドホームズの経営も悪化しました。追い打ちをかけたのが2020年の新型コロナウイルス禍です。都市封鎖や自宅待機などの世界的な巣ごもりにより、投資先であるシェアサービス企業の需要が蒸発しました。ソフトバンクグループの2020年3月期連結決算は最終損益が9615億円の大幅赤字となりました。1年前は1兆4111億円の黒字でしたから、凄まじい逆回転です。

ウィーワークは一時はシェアエコノミーの旗手ともてはやされましたが、創業経営者の乱脈経営により収益が悪化し、470億ドルとされていた企業価値は6分の1の78億ドルに低下しました。孫氏がウィーにつぎ込んだ資金は103億ドル（1・1兆円）を超えますが、それが一転、82億ドル（約9000億円）の評価損を計上することになり、さらに救済のために1兆円の追加の資金供与が必要となりました。ソフトバンクグループにとってはまさに「盗人に追い銭」です。

「世界最大のアクティビスト」として知られる米エリオット・マネジメントがソフトバンクグループの大株主として登場したのはそんな渦中の2020年2月のことです。エリオットはソフトバンクグループの発行済み株式の約3％を25億ドル以上の資金を投じて取得。同社に対し、保有する中国の通販大手アリババ集団株などを売却し200億ドル以上の自社株買いの実施や社外取締役の増員、資本構造が不透明なビジョン・ファンドの透明性向上（情報開示）などを要求しました。

エリオットはアルゼンチンや韓国を向こうに回して裁判で争うなど、好戦的なアクティビズムで知られます。孫氏は当初、アリババ株の売却に消極的な姿勢を示しましたが、1カ月後、4兆5000億円分の資産を売却して負債を削減するとともに、最大2兆円の自社株買いをすると発表しました。その前に発表していた5000億円の自社株買いを合わせると自社株買いは2兆5000億円に上ります。

多角化ディスカウントが問題

エリオットがソフトバンクグループの経営で問題視したのが、事業内容が多岐にわたるコングロマリット（複合企業）の株価が市場で割り引かれて評価される「コングロマリットディスカウント」です。これは資本関係的に上位の会社の株式時価総額と、下位の会社群の株式時価総額が逆転し、親会社（この場合はソフトバンクグループ）の時価総額（株価）が過小評価されている状態を指します。

ソフトバンクグループの下には携帯電話のソフトバンクがあり、その下にはネット大手のZホールディングスがあり、さらにその下には衣料通販のZOZOやヤフーなどがぶら下がっています。

これら日本の上場子会社・孫会社やアリババの保有株を積み上げると、ソフトバンクグループは優に24兆円を超える資産をもちます。それなのに同社の時価総額は15兆円前後にとどまります。長年そのギャップが放置されてきました。エリオットは、傘下企業の価値が十分、株価に反映されていないとして、保有資産の売却などによる自社株買いを求めたのでした。

上智大学のギブンズ教授は、「株価が低迷してきたのは、ソフトバンクグループという同じ丼にアリババもソフトバンク（携帯）も何もかも入れて外からわかりにくいから。潜在的な価値を株主に還元し、グループをバラバラにするべきだ」と主張します。

傘下企業をどんどん上場させ、アジアの財閥企業のような「ストック・ピラミッド」（次章参照）を作っていく孫氏の手法には、次章で取り上げる親子上場と同じ批判が長くつきまとってきました。

コングロマリットディスカウントをアクティビストに攻撃され、実際に解体の危機に瀕しているのが米ゼネラル・エレクトリック（GE）です。GEは1980～90年代に同社を率いた名経営者ジャック・ウェルチCEO（1935～2020）の下で航空から医療機器、金融までを抱える一大コングロマリットを築き上げました。

しかし、後任のジェフリー・イメルト氏は企業価値を伸ばせず、金融、医療機器などをどんどん切り離し、イメルト氏も業績低迷の責任を取って辞任しました。ギブンズ氏はソフトバンクグループも同じ道をたどると予想します。

投資先の企業価値を過大評価

ソフトバンクグループは2019年3月期に約2兆3500億円という空前の営業利益を上げました。同社は非上場で正確な企業価値を測れない新興企業に数多く出資。これらの投資先が将来得る利益を楽観的に見積もり、その非上場株式の評価益を計上していたのです。

ところがコロナ禍で、実態以上によく見えていた投資先の企業価値がはげ落ち、買収価格と純資産の差額である「のれん」や無形資産の減損処理が懸念される事態となりました。孫氏は相手企業の簿価(純資産)を大幅に超える高値での買収を繰り返してきました。エリオットが介入する前の2019年3月期でのれんと無形資産の総額は11兆2000億円に上ります。

事業内容が幅広いソフトバンクグループの財務は複雑でわかりにくいのですが、会計評論家の細野祐二氏が提案するのが、会計上の利益ではなく、企業が実際に稼いだキャッシュフロー（現金収支）を基にした分析です。

決算に計上した利益にどれだけ現金の裏付けがあるかを示す「会計利益先行率（当期純利益÷営業キャッシュフロー）」で見ると、同社の2019年3月期の会計利益先行率は120・4％になり1倍（100％）を大きく超えます。東証1部上場企業の会計利益先行率の平均は約50％。普通は営業で上げた利益（営業キャッシュフロー）から減価償却費などを引いて、純利益が営業キャッシュフローの半分程度になるイメージですから、経験則的にもソフトバンクグループの利益構造の歪《いびつ》さがわかります。

会計利益先行率が100％超、つまり純利益が実際に稼いだ営業キャッシュフローを上回るということは、その利益が決算上の紙の上だけの数字で、実際には現金が入っていないことを示唆します。「売り上げが伸びても現金がそれ以上に流出していてソフトバンクグループの台所は火の車」と細野氏は推察します。

同社の財務内容は実際のところどうなのでしょうか。バランスシートを見ると資産が負債を上回り大幅な資産超過です。しかし、会社側が開示する資産額には、ウィーワークのように、期待先行で過大に企業価値を見積もっている投資案件が潜んでいる可能性があり、投資家も鵜呑みにできない部分があります。

そこで細野氏は独自にのれんの評価損を計算しました。収益が見込めなくなった投資先企業ののれんや無形資産を減損して実質株主持分を計算。その数字にアリババ株やソフトバンク株などの含み益を足して、ソフトバンクグループの実際の含み資産を試算したところ、2020年3月期で同社の清算価値は7兆円となりました。つまり会社を清算しても7兆円分の資産が残って株主はその分配にあずかれるわけです。

この結果を見る限り、孫氏はいざとなればすぐ換金できる資産に今のところ不自由はしていないのでしょう。2・5兆円の株主還元も、中国アリババ集団（ソフトバンクグループが約25％出資）などの含み益があるからこそできる芸当です。しかし、それ以上に投資先の収益が低下すれば、孫氏が築き上げた「王国」は解体のステージに入り、後がなくなります。

ファンドの投資先が次の牽引役に

ソフトバンクグループは2020年4月と5月に、約15兆円保有するアリババ株の1割弱を売却し、1兆2500億円の資金を調達したほか、携帯電話子会社のソフトバンク株を5％売却し3１００億円の資金を得ました。3兆円で買ったアームも米半導体大手エヌビディアに4００億ドル（約4兆2０００億円）で売りました。エリオットが孫氏に求めた「潜在価値の解放」が徐々に始まっています。

「王国解体」でも孫氏が最後まで手元に残す可能性が高いのが、ソフトバンク・ビジョン・ファンド（ＳＶＦ）でしょう。なぜならＳＶＦの投資先には孫氏が期待をかけるウィーワークやライドシェア大手のウーバーテクノロジーズなどの企業群が含まれているからです。ＳＶＦの投資先が今後の孫氏の多角化路線の主役になる可能性もあります。

ＳＶＦの運用額は９８６億ドル（約10兆円）で未上場企業に投資するベンチャーキャピタルとしては世界最大です。出資比率はサウジアラビアの国家ファンドなど外部投資家の優先出資が4００億ドル、普通出資が５８６億ドル。ソフトバンクグループは普通出資の約半分、２８1億ドルをもちます。ＳＶＦの運営会社はソフトバンクグループの子会社で決算上、ＳＶＦの出資分は連結対象となっています。ＳＶＦを立ち上げた２０１7年からの累計の投資損益は２０２０年3月期で1０００億円の赤字です。

エリオットがＳＶＦの透明性向上（情報開示）を求めたこともありＳＶＦの投資先のう

図表4-4　ソフトバンクグループの主な投資先

企業名（国）	事業内容	コロナの影響度
ウーバーテクノロジーズ（米）	ライドシェア	△
滴滴出行（中国）	ライドシェア	×
ウィーカンパニー（米）	シェアオフィス	×
OYO（インド）	格安ホテル	×
スラック・テクノロジーズ（米）	ビジネスチャット	○
北京字節跳動科技（バイトダンス、中国）	動画投稿アプリ	○

注：×は深刻な打撃、○は追い風、△は中立的

ち上場企業については企業価値の変動が開示されるようになりました。しかし未上場企業の企業価値については依然、実態が見えません。恣意的に評価益が計上されているのではないか、減損のタネが隠れているのではないか、といった投資家の疑心暗鬼を払うためにはさらなる情報開示が必要でしょう。

アクティビストとの戦いは続く

ＳＶＦは運用期限の２０２９年まで約12年間にわたり、サウジアラビアなどの優先出資者に投資元本の７％の定率配当を約束しており、優先出資４００億ドル

は事実上の借金です。毎年3000億円前後の配当原資が必要になり、10年で元本の約7割を出資者に還元する計算になります。

ソフトバンクグループは配当用として1兆数千億円分を確保済みですが、年3000億円ずつ払っていくと5年分くらいしかありません。その間にウィーワークやOYOなどの投資先が経営不振を脱し、ファンドの好循環を回復させないと、配当計画に支障が出る恐れがあります。

新型コロナウイルスの感染拡大により世界的に景気が落ち込むなか、孫氏は2020年3月期決算の説明会で「ユニコーン（企業価値10億ドル超の非上場企業）がコロナの谷に落ちている」と状況を説明。SVFの88社の投資先のうち「15社は倒産するのではないか」と語る一方、他の15社のユニコーンがコロナの崖から悠々と飛び上がっていくスライドを示して「余裕をもって崖の下を見ている」と話しました。

この自信を支えているのは、繰り返しになりますが、アリババ株を中心とした膨大な資産です。コロナの影響で当面は守りの財務を固め、保有資産を売却してアクティビストの要求に応えるのでしょう。

ただし、孫氏が期待するように、コロナの谷から投資先企業が抜け出し、企業価値がはね上がれば、それが新たな株価ディスカウントの原因になる可能性があります。孫氏が経営スタイルを変えない限り、コングロマリットディスカウントはなかなか解消せず、株主の利害と衝突します。

孫氏の最後の隠し球は、孫氏がＭＢＯ（経営陣による買収）によりソフトバンクグループを非上場にすることでしょう。経営陣が自社株を外部の投資家から買い集めるＭＢＯは、「所有と経営の分離」がもたらすエージェンシー問題の弊害を解消し、非効率な経営を改善させる効果があるからです。それはエリオットにとっても願ったり叶ったりの「出口（高値での株売却）」となるはずです。

孫氏は実際、過去に何度かＭＢＯを検討したことがあります。不特定多数の投資家からリスクマネーを集められる上場のメリットと、外部株主の圧力を遮断して経営の自由を得るメリットを天秤にかけ、今は上場を維持していますが、資産売却で手元資金も積み上がっています。巨額融資に応じる金融機関が見つかればＭＢＯを仕掛ける可能性は十分にあります。孫氏の目には、自社株が今最も投資効率の高い資産と映っているかもしれません。

本章で取り上げたアクティビストの活動はほんの一例です。昨今では公表・非公表問わず、多くの上場企業がアクティビズムのアプローチを受けています。経営者にとっては、経営に過剰に介入するアクティビストはうっとうしい存在ですが、ある意味、彼らの不満や要求は、企業に現状足りていない部分や改善の余地がどこにあるかを気づかせ、経営を見直すヒントになります。

米国では、企業業績が長く低迷していた1980年代にアクティビストが大企業に敵対的買収などをちらつかせるなどして圧力をかけ、業績や企業価値向上に貢献しました。日本も同じような道をたどり始めているのでしょうか。シカゴ大学のゴードン教授は「アクティビストは会社のことを経営者よりもよく見えている」と指摘します。

アクティビストも株主の一員であることに違いはなく、その主張が合理的で役立つのだったら一概に拒絶するべきではありません。また、アクティビストに狙われてから慌てて対応するのではなく、狙われないように日頃から無駄な資産や不要な事業を整理しておくことも大事でしょう。経営者は株主全体にとって何がベターかを常に考え、株主との対話を重ねながら企業価値向上に向けた施策を着実に実行する以外ありません。

第5章

親子上場の是非

2019年夏、資本市場で話題を呼んだのがヤフー（現・Zホールディングス）とオフィス用品通販のアスクルの間で起こった親子ゲンカです。アスクルが2019年8月に開いた定時株主総会で、同社の45％の株をもつヤフーが事業低迷を理由に、アスクルの事実上の創業者である岩田彰一郎社長（当時）と独立社外取締役3人の再任に反対し、取締役会から追い出しました。親会社による社長や社外取締役の追放という異例の事態に「日本独特の親子上場のガバナンスの問題点が浮き彫りになった」として親子上場への批判が高まりました。

潜在的利害衝突の懸念

親子上場とは上場している会社が、子会社に対する経営権を保持しつつ、子会社の株式を公開する組織形態を指します。ガバナンス上の主な論点は、親会社が子会社の利益を搾取して少数株主を害するのではないかという利益相反の危険です。

具体的には親会社に有利な条件で子会社と取引したり、子会社の有望な事業や資産を親会社有利の条件で売却したり合併したりして少数株主の利益が損なわれるといったケースが考えられます。少数株主の犠牲の上に親会社が子会社利益を吸い上げる可能性があるとすれば、親会社と少数株主には潜在的な対立関係が発生します。

ヤフーとアスクルの争いでは、ヤフーが少数株主に配慮した適切な議決権行使をしなかったとの批判が出ました。なかには「親会社の横暴を許さないために、子会社上場自体を原則、禁止にするべきだ」との極端な意見も一部の識者から出されました。

しかし、日本の資本市場で親子上場は長い歴史があり、そのプラス面が評価されていた時期もあります。たとえば、子会社が上場すると、株式市場で無数の投資家による評価が行われ、それが時々刻々、株価に反映されます。株式市場には大口／小口、長期／短期志向など、様々な投資家がいてそれぞれの観点で会社を評価します。こうした多元的評価によって出てくる株価は、支配株主（親会社）による評価の限界を補う役割を果たします。

また少数株主にとっても、支配株主が子会社を監督してくれるので、わざわざ自分で会社をモニタリングするコストを負担することなく利益を獲得できる利点があり、エージェンシーコストを下げる効果が見込まれます。「市場取引と組織関係のいいとこ取り」をしているのが子会社上場であって、子会社株は投資家にとっても魅力ある金融商品となってい

図表5-1　子会社上場のメリット・デメリット

子会社のメリット	デメリット
●株式売却による資金の獲得 ●経営の自律性が高まる ●上場会社としてのブランドやステータスの向上 ●優秀な人材確保、取引先からの信用確保	●親会社と子会社少数株主の利益相反の恐れ ●親会社株価のディスカウントリスク ●利益の外部流出

たのです。

他方、親子上場のデメリットとしては先ほど触れた、親会社が子会社の利益を不当に搾取する利益相反リスクがあります。親会社がグループ全体の利益のためにその支配的地位を利用して、子会社から有望事業を奪ったり、利益の出ない事業を子会社に押しつけたりすれば、少数株主に害が及びます。このように親子上場にはメリットとデメリットの両方があり、デメリットだけをとらえて親子上場を一概に悪いと決めつけるのは行き過ぎです。

経済産業省によると、2018年時点

で東京証券取引所上場の628社（上場企業の17・2％）が支配株主をもつ企業で、このうち親会社が上場企業である上場子会社は311社（8・5％）です。ピーク時には400社を超えていたので少しずつ減少していますが、それでもまだかなりあります。

欧米では親子上場という形態自体が稀です。50％以上の支配株主がいる上場企業は米国ではわずか28社と全体の0・5％にすぎず、英国では0％です。フランスも18社（2・2％）、ドイツは17社（2・1％）です。この数字を見せられると、やはり日本の親子上場は特異だという印象をもたれる読者がいるかもしれませんが、この数字は親と子の両方が上場している事例の国際比較であることに注意が必要です。

線引きを変えて、20％以上の株式を所有する支配株主がいるかどうかで、各国の株式時価総額の大きい20社を分析すると、米国では20％の企業で支配株主がいます。英国は0％です。一方、ドイツでは50％、イタリアでは80％、スウェーデンでは75％の企業が支配株主をもちます。これらの国では支配株主がいる方がむしろ多数派です。また、米国では非上場の親会社やオーナーが、普通株式の何倍もの議決権のある種類株式を保有し、子会社上場後もその子会社を実質的に支配している事例が少なくありません。

そう考えると、支配株主と少数株主の利益相反は、日本の親子上場のみで問題になるのではなく、支配的な株主がいる従属会社なら共通に抱えるリスクと言えます。議論を整理すると、ガバナンス的に問題視されるべきは、支配株主と少数株主の利益相反のおそれであって、日本のように親会社が上場していようが、非上場であろうが利益相反リスクに質的な違いはありません。

日本人は「日本は特殊」という議論に弱いですが、実態を踏まえないで親子上場の廃止云々を主張するのは危険です。繰り返しになりますが、日本以外のアジア諸国や大陸欧州諸国では、創業一族のいる上場子会社が多数派です。親子上場を日本が禁止すると、国際的な整合性を欠くばかりか、資本市場の多様性すら失わせる可能性があります。

日本の親子上場を禁止した場合、親会社は上場子会社の株式をすべて買い取るか、保有株式を処分（売却）することを迫られます。これが実際に起これば、株式市場の混乱は計り知れません。

「上場子会社はガバナンス上問題あり」と投資家が非難するのは、親会社が親子上場解消（子会社の完全子会社化）を目指し、子会社にＴＯＢ（株式公開買い付け）をかければ、株主・投資家はプレミアム（上乗せ幅）が付いた高値で子会社株を引き取ってもらえるからです。決して、少数株主の不利益や利益相反リスクを憂慮して親子上場を批判しているわけでは必ずしもない。親子上場批判には、親子関係につけいって投資イベント化を目論む投資家の思惑があることにも注意が必要です。

日本だけが「特殊」ではない

先ほども触れたように、米国や大陸欧州では、1株1議決権原則から乖離する複数議決権株式など種類株式が活発に使われています。複数議決権株式とはたとえば、1株につき10個の議決権を付与し、それを創業者や経営者が特権的に保有し、1株1議決権の普通株だけを上場して区別するものです。議決権を創業者や経営者に集中し強力なリーダーシップを与え、投資家の短期志向（ショートターミズム）の圧力を避ける狙いがあります。

米フェイスブックのマーク・ザッカーバーグＣＥＯ（最高経営責任者）は複数議決権方式により議決権の6割を握ります。創業者や経営陣がたかだか2～3割の出資割合しかないのに、種類株式の威力により議決権ベースで7～8割を保有するケースが米国のＩＴ・ネット関連企業ではよく見受けられます。また大陸欧州では銀行や企業同士による株式持ち合いも広範に行われています。

これらの仕組みは投資家から批判も出ているのですが、実際に企業価値（株主価値）を毀損し投資家・少数株主の利益を害するといった実害は出ていないとして、欧米で比較的自由に使われています。

日本の親子上場も同様に、親の支配権を維持・強化する制度設計です。海外で許されているのに日本の親子上場だけを排除しようとするのは、いささかバランスを欠いた議論になることはおわかりでしょう。

アジアや大陸欧州諸国では、創業一族のファミリーが上場子会社を支配する形態が一般的で、アジアでは、グループ企業で株を連鎖的に保有し合うピラミッド構造を作り上げ、比較的少額の資本によって多くの上場会社を傘下に従えます。これを「ストック・ピラミッド」と呼びます。ピラミッドの頂上にいる支配株主が創業一族（ファミリー企業）で、直接的には議決権の過半数をもっていないのにピラミッドの一番下にいる会社にまで実質的な支配を及ぼします。

一方、日本では親会社自身が公開企業のため、それなりの社会的地位を築いていることが多い。子会社をむやみに搾取して自社のレピュテーション（評判）を下げてしまうのを警戒します。実際、上場子会社の少数株主が親会社の利益のために不利益を被ったという事例は報告されていません。

法制度も違います。米国では支配株主が少数株主に対して誠実かつ公正な取引の信任義務（忠実義務）を負うという法理があります。このため、上場子会社を長期に保有していると、敵対的買収を仕掛けられたり、少数株主から信任義務違反で訴えられたりするリスクがあるため、子会社との資本関係を最終的に解消してしまうことが多いとされます。

一方、日本の会社法では、支配株主の少数株主に対する忠実義務の定めはありません。日本で親子上場が長期に維持されているのは、米国のような訴訟リスクを経営者が意識しないで済む事情も大きいのです。

見逃せないインキュベーション機能

親子上場の子会社側のメリットとしては、①経営の自律・独立性が高まる、②上場会社のステータスを得ることで優秀な人材を獲得でき、取引先からも信用される、③資本市場から独自に資金調達する手段を手にすることで、親会社の一事業部門にとどまるより成長を加速できる――といったことが挙げられます。

歴史を振り返れば、日本では親子上場により多くのユニークな有力企業を生み出してきました。日本最大の製造業であるトヨタ自動車は、豊田自動織機の子会社としての出自があります。それが今や豊田自動織機を時価総額で10倍以上引き離す日本最大のメーカーとなりました。また、トヨタ自動車自身がデンソーやアイシン精機など20％以上を出資する持分法適用会社を19社、過半数を出資する連結上場子会社を1社抱え、巨大な企業グループを形成しています。

「デンソーがトヨタの自動車部品事業部だったら、自動車部品で今ほどの確固たる地位を世界市場で築けていなかった」と、一橋大学の藤田勉特任教授は親子上場によるインキュベーション（事業の創出や創業を支援すること）機能に注目します。

トヨタ以外でも親子上場で大きくなった企業には他に、ファナック（親会社は富士通）、オリエンタルランド（京成電鉄）、東京エレクトロン（ＴＢＳ）、旧セブン－イレブン・ジャャパン（旧イトーヨーカ堂）などが親会社からの分離独立によって生まれています。海外に比べてベンチャー企業が育ちにくい日本では、総合電機や商社で成長部門や子会社をＩＰＯ（新規株式公開）してきた歴史も長くありました。

株式市場もこうした子会社上場に好意的に反応し、親子上場を企業グループの価値を毀損する非効率な経営戦略とはみなしてこなかったのです。親会社にとっても、子会社株を買う投資家にとっても、親子上場は経済的に少なくとも不利ではなかったのでしょう。

早稲田大学の宮島英昭教授の研究によると、株式公開（上場）後の子会社と同業の同規模の独立系企業を比べると、上場子会社の業績は総じて良好で、「子会社少数株主と親会社の間の利益相反がシステマチックに顕在化している証拠はなかった」（宮島教授）。

親子上場を全否定する向きに対し、宮島教授は「親会社と子会社株主の間で利益相反のリスクがあるからといって、親子上場の形態を一切否定してしまうことは、資本市場の多様性を失わせて、経営戦略の自由度を奪いかねない」と批判します。

日本では１９９０年代後半から総合電機を中心に上場子会社を再び、完全子会社（非上場）に戻してグループ内の事業シナジーを高める動きが進みました。日立製作所がピーク時に20社以上あった上場子会社を4社に減らしたことがよく引用されます。一方、ITや流通系企業ではM&A（合併・買収）した会社の経営の独立性を担保するために上場を維持する動きが今も盛んです。

相反するトレンドが株式市場で交錯しているのに、減少の事例だけに着目して親子上場を禁止すると、経済の効率性を著しく阻害する可能性があります。

社外取締役による監視強化を

ただ、支配株主と上場子会社、支配株主と上場子会社の少数株主の間では利益相反のリスクが潜在的にあるのも確かです。リスクを顕在化させないポイントは、少数株主の利益を適切に保護することです。

そのために、上場子会社の独立性が適切に確保されるよう、投資家・株主への情報開示を強化する解決策が考えられます。

先にも見たように、親子上場が企業の組織設計において1つの合理的な選択である以上、親子上場の全面禁止という強硬手段は、企業の経済活動の自由を奪い、効率的な会社関係を損ないます。一橋大学の藤田特任教授は、「親子上場には功罪両面がある。いかに功の部分を最大化し、罪の部分を最小化するかを考える方が建設的だ」と話します。

2019年に経済産業省がまとめた「グループ・ガバナンス・システムに関する実務指針（グループガイドライン）」は、こうした問題意識に立って親子上場問題を整理し、グループ全体の事業ポートフォリオ選択の中で親会社に対し、子会社を上場することが合理的であることの説明を求めています。

そして、上場子会社には、親会社からの独立性を担保するために、取締役会の独立社外取締役比率を高めること（3分の1以上か過半数）を求めました。これらを直ちに実行に移すのが難しい場合は、独立社外取締役によって構成された委員会で、親会社との構造的な利益相反リスクがある取引について審議・検討し、投資家からの信頼を確保すべきだと提言しています。

上場子会社の独立取締役は、支配株主と少数株主との間に利益相反の恐れがある場合に、子会社やその少数株主の利益のために行動する役回りが期待されています。支配株主と子会社もしくは、支配株主と少数株主との間の取引の公正さを確保するために、支配株主の影響を受けない独立取締役を活用するのです。

こうした仕組みが整っていれば、支配株主による搾取のおそれが後退し、投資家もその会社に安心して投資できるでしょう。ガイドラインは親子間、支配株主と少数株主の間に均衡をもたらす提案と言えます。

アスクルはヤフーに搾取されたのか

ヤフーとアスクルの親子ゲンカでは、親会社と少数株主の間で実際に利益相反が本当に発生したのでしょうか。改めて、事の顚末を振り返りましょう。

2019年の株主総会でアスクルに45％出資するヤフーは、アスクルの事実上の創業経営者で同社に長く君臨してきた岩田社長の再任に反対し、アスクルの11％の株式をもつ第2位株主の文具大手プラスもヤフーに同調しました。ヤフーとプラスは岩田氏の再任に反対したばかりか、岩田氏を支持していた独立取締役3人の再任にも反対しました。

少数株主の代表である独立取締役を一掃するというのは、2015年に始まったガバナンス改革の流れに逆行するものだとして多くの識者がヤフーの行為を非難しました。

経営共創基盤の冨山和彦会長は「少数株主の権利を守る独立取締役を、気にいらないと言って辞めさせたことは論外」と批判。日本取締役協会は、「支配的株主を牽制するために存在している独立取締役を緊急性も違法行為もない状態で解任できるならば、企業統治の基本的な構造が成り立たなくなる」との声明を出しました。

メディアの多くもヤフーの行動を上場子会社の独立性を脅かすに等しい、支配株主の横暴という構図でとらえました。

こうした批判を受け、ヤフーは「上場企業のアスクルの経営の独立性を尊重することと、株主の議決権行使とはまったく次元の異なる問題であり、岩田社長による主張は（中略）保身のために自身の社長続投を正当化しようとするものに他ならない」との反論コメントを出しました。

ヤフーの親会社である携帯電話会社ソフトバンクの宮内謙社長は会見で「苦渋の決断だが、ヤフーは事業を大きく伸ばすための大義がある。（ヤフーの判断が）正しかったと将来わかってもらえる」と理解を求めました。

ヤフーが岩田社長の再任を拒否したのは、アスクルの個人向けネット通販事業「ＬＯＨ

ACO（ロハコ）」の極度の不振が背景にあります。ヤフーとアスクルは2012年に資本業務提携し、ヤフーがプラスに代わり筆頭株主になりました。ロハコ事業は資本提携後にスタートした新規事業ですが、利用者が伸び悩み、2018年度は92億円の赤字でした。ヤフーがアスクルに出資した約330億円はロハコで食いつぶされ、ヤフーは不採算事業を見直すために経営陣の更迭に踏み切ったのです。

一方、解任の危機が迫った岩田社長は記者会見でヤフー首脳との会話を一部明かし、ヤフーがロハコを強奪する可能性があると示唆しました。ロハコ事業の移管に反対したから首にされるという岩田氏の説明に多くのメディアは飛びつき、親子上場批判が始まりました。

少数株主の意思

アスクルは株主総会後、「議決権行使の賛成割合のお知らせ」と題した声明を発表。その中でヤフーとプラスを除いて計算すると、独立取締役3人の賛成割合は9割を超え、岩田氏の賛成割合も過半数を大きく超えていたとし、「少数株主から圧倒的な支持を得ていたことが判明しました」と説明。この結果を基に「ヤフー・プラスの行った一連の行為は、少数株主の意思と合致しているものとは到底言えず、当社は改めて遺憾であることを表明します」と親会社への敵対心をあらわにしました。

しかし、アスクルの発表には数字のトリックがあります。純粋に親会社と子会社の争いと考えるなら、第2位株主のプラスは少数株主に含められてカウントするべきです。子会社株主のうち、親会社またはその関連会社以外の株主を普通は少数株主と呼ぶからです。アスクルがプラスを含めて計算したのは恣意的で公正な分析とは言えません。

そこで改めてヤフーだけを除いて再計算してみました。すると、アスクルの発表とは違った「少数株主の意思」が見えてきました。

アスクルの臨時報告書によると、再任が否決された4人の賛成個数、賛成割合、議決権行使個数は以下の通りです。賛成割合は賛成数／議決権行使個数×100（％）です。

岩田彰一郎（以下敬称略）
賛成90423　賛成割合20・80％

議決権行使個数434725

戸田一雄

賛成114108　賛成割合26・25％

議決権行使個数434697

宮田秀明

賛成113004　賛成割合26・00％

議決権行使個数434630

斉藤惇

賛成111256　賛成割合25・60％

議決権行使個数434593

ヤフーの議決権（230280個）を除いて再計算すると賛成率は次のようになりました。

岩田彰一郎　44・23％

戸田一雄　55・82％

宮田秀明　55・30％

斉藤惇　54・45％

この結果を見ると、ヤフー以外の少数株主だけで投票したとしても、岩田社長の再任は否決され、他の3人の独立社外取締役はかろうじて首がつながります。少なくとも、アスクルの主張のように「少数株主から9割の圧倒的な支持を得ていた」と結論付けるのは間違いです。少数株主の過半は岩田社長の再任に反対したばかりか、3人の独立取締役の再任にも半分近くは反対していました。なぜ、少数株主は独立取締役に厳しい目を向けたのでしょうか？

ポイントは独立取締役に求められる「独立性」にあると考えられます。

上場子会社の場合、独立取締役はその子会社の経営陣から独立であることに加え、かつ親会社からも独立していることが望まれます。経産省のグループガイドラインでも、「上場子会社の独立社外取締役には、業務執行を監督する役割を果たすための執行陣からの独立性に加え、一般株主の利益を確保する役割も期待されるため、親会社からの独立性も求められる」と双方からの「独立」を求めています。

誰からの「独立」か

アスクルの独立取締役はどうだったでしょうか。3人の独立取締役の筆頭格だった元松下電器産業副社長の戸田一雄氏がアスクルで独立取締役を務めた在任期間は12年の長きにわたります。戸田氏は旧親会社のプラス出身者を除けば創業者の岩田氏に次いで長く取締役をしていました。しかもその前には1年間、アスクルの社外監査役も務めています。

経産省によると社外取締役の平均在任期間は約4年です。その3倍の期間をアスクルの社外役員として過ごしていたとすれば、戸田氏はアスクルの社内事情を知るばかりか、経営陣とも深い関係にあったはずで、もはや「独立した存在」ではなくなっていた可能性があります。

ヤフーが岩田氏の再任に反対した理由は、業績低迷でした。事実、アスクルは2007年度以降、10期以上最高益を更新していませんでした。戸田氏をはじめとする独立取締役は一般株主の代表として経営陣を監督する立場にいるのだから、業績の悪い岩田氏の責任を問うておかしくないのに、3人が岩田社長の経営能力に疑問を呈していたようには見えません。経営陣を適切に監督していたのか疑問です。

仮にそうであれば、岩田氏支持で固まり監督機能を適切に果たしていないと見られる3人には、取締役会から退出してもらおうというヤフーの判断にも一定の合理性はあります。

東大の田中亘教授は「この一件はガバナンスにおいて深刻な問題が提起された事件だとは思っていない。不振事業をどう立て直すかという、普通の経営判断をヤフーがしただけであって、仮にそれが裏目に出たとしても経営判断を間違っていたことが資本市場で評価されることはあっても、それ以上でもそれ以下でもない」と指摘します。

3人の独立取締役の「解任」に動いたヤフーの行為を「暴挙」として非難する声が多かったのですが、先に見たように少数株主の半分はヤフー側についたのであり、少数株主の大半は「少数株主の権利が阻害される」と否定的にとらえてはいませんでした。

田中教授はもう1つ別の「独立性」をも問題にします。

「社外取締役がいわば株主からも独立した存在になって、独立取締役の言うことには株主も従わなければならないということになれば、取締役は株主に対するアカウンタビリティー（説明責任）を負うという株式会社の根本原則が否定されるおそれがある」

米ニューヨーク証券取引所の上場規則では取締役の過半を独立社外取締役とすること、および独立取締役のみから成る指名委員会と報酬委員会を置かなければならないという義務は、議決権の5割超をもつ支配株主がいる上場会社の場合は免除されます。それは「誰を取締役に選び、どのような方針で経営させるかは、株主総会での取締役選任を通じて株主が資本多数決の原則で決める問題である」という暗黙の了解があるからです。

「会社に対する持ち分（株式保有）がほとんどなく、その意味で会社の経営を良くするインセンティブに乏しい独立取締役に、誰をアスクルの経営者にするかという決定を全面的に委ねるのは合理性があるとは言えない」と田中教授は指摘します。

ヤフーは大株主としてアスクル株を簡単に手放せない立場であるがゆえに、業績悪化という厳しい局面で経営に口を挟むインセンティブがあります。子会社の完全自治が認められるかのような議論はどこか転倒しています。

アスクルのその後ですが、同社は2020年3月に臨時株主総会を開いて新しい独立取締役4人を選出しました。ヤフーも賛成票を投じました。その時の取締役数は10人ですから、独立取締役4人は経産省の「グループガイドライン」が求める「3分の1以上」を満たします。独立取締役が一時的に不在という異例の状況は解消され、アスクルでは支配株主と少数株主の利益相反をチェックする体制が強化されました。

騒動から1年後のアスクル株は4割ほど上昇し、一般株主にとっても社長交代はプラスでした。ヤフーに「搾取」された形跡はどこにも見受けられません。自分の地位を守るために親会社による事業強奪のリスクをほのめかした子会社社長の口車に乗り、普通の経営判断をした親会社を、親子上場批判と絡めて責め立てるというピント外れの議論をしていたのではないか。今振り返るとそう思えてなりません。

ゴーン逮捕が開けたパンドラの箱

2018年11月、最高実力者として君臨していた日産自動車のカルロス・ゴーン会長（当時）が東京地検特捜部から報酬を過少に投資家に開示していたとして、有価証券報告書の虚偽記載（金融商品取引法違反）の疑いで逮捕されました。

ゴーン氏は日産の取締役会で会長職を解任され、CEOだった西川廣人氏が後任トップ（社長兼CEO）となり、ガバナンス体制の見直しに乗り出しました。日産の43％の株をもつ親会社のルノーとの経営支配権をめぐる争いが始まりました。

日産の外部有識者による委員会は2019年3月にまとめた日産改革案で、取締役会に指名・報酬・監査の3委員会を置く指名委員会等設置会社に移行することを打ち出しました。ゴーン氏に権力が集中していた反省から、ゴーン氏が務めていた「取締役会議長」に社外取締役を充てることも併せて決めました。

日産関係者によると、ゴーン政権下の取締役会は経営陣の決定事項を単に追認するだけの儀式にすぎなかったそうです。「Any Comment？(何か意見は)」、「Any Question？(何か質問は)」と、議長のゴーン氏が聞いても誰一人として手を挙げない。どの役員も最高権力者のゴーン氏の前にひれ伏して物申す者は皆無だったのです。約20年間の取締役会の開催時間は平均19分という驚くべき短さでした。

日産改革案はいずれも「執行と監督の分離」を明確にして取締役会による経営陣のモニタリング機能を強化する狙いがあります。これにより、形式面ではルノーが日産の経営に露骨に介入する余地が狭まりました。

ゴーン氏逮捕の背景にあったのはルノーと日産の経営統合構想でした。

ルノーの背後にはルノー株の2割をもつフランス政府がいます。フランス政府はそれまでのアライアンス（提携関係）の維持だけでは物足りず、「不可逆的な連携」として会社としての統合をゴーン氏に要求していました。実際、ゴーン氏の逮捕後にフランスは日本政府に対し両社の経営統合を望んでいる意思を伝え、ゴーン氏失脚のダメージを払拭しようとしました。

こうしたフランス政府の圧力に対し、西川社長は「今は時期尚早」、「今はその議論をすべきではない」と繰り返し、統合の話が争点化するのを避けるコメントを繰り返しました。西川氏ら日産の日本人経営者が親会社ルノーの力を削ぐようなガバナンス改革を急いだのも、統合に向け圧力を強めるルノーとフランス政府を牽制する狙いがありました。

西川氏による「ルノー外し」を、当のルノーが指をくわえて見ていたわけではありません。ルノーが反撃に出たのは、指名委員会会社へ移行するための定款変更議案が諮られた2019年6月の定時株主総会でした。取締役会の重要ポストから外されることを事前に知ったルノーは、議案への投票を「棄権（不行使）」する姿勢を見せ、揺さぶりをかけたのです。

定款変更は通常の議案よりも成立要件が厳格で、議決権の3分の2以上の賛成票を得る必要があります。43％の日産株をもつ筆頭株主のルノーが投票を棄権すれば、指名委員会会社への移行を諮る議案は否決される公算が大で、日産の改革が暗礁に乗り上げるおそれがありました。それどころか、ルノーが不行使となると定足数を満たすことがほぼ不可能となり、定款変更議案の審議すらできないおそれがあったのです。

日産はルノーのこの瀬戸際作戦により最終的に折れ、指名委員会と監査委員会の2つの委員会でルノー出身役員を迎えることで合意しました。コンプライアンス（法令遵守）を大義に掲げた日産のガバナンス改革は、ルノーの影響力を削ぐ権力闘争の側面がありましたが、逆に支配株主の力を改めて思い知らされる結果になりました。

資本による植民地支配

ゴーン氏の退場と前後して日産から噴き出したのはルノーに対する怨嗟の声です。日産は経営不振に陥った1998年にルノーから出資を受け危機を切り抜けましたが、43％の株を握られルノーの言いなりでした。2013〜17年のルノー・日産グループの研究開発費の約6割を日産が負担し、日産の日本人経営陣の中にはこの従属関係を日本の幕末から明治にかけての欧米列強との不平等条約になぞらえる者もいました。

資本構成で見ると両社の関係はいびつです。ルノーは日産株の43％をもち、重要経営事項に対して拒否権があります。ルノーの持ち分比率が50％を超えれば、日産の取締役を自分の思い通りに選任できるようになります。一方、日産が保有するのは、議決権のないルノー株15％で、ルノーの株主総会で反対票を投じることはできません。

日本の会社法では、親会社の保有比率が総議決権の4分の1（25％）を超える場合は、子会社の保有する親会社株式の議決権が消えるからです。ただ、これには続きがあって、日産がルノー株を買い増して保有比率を25％に引き上げれば、今度はルノーの日産に対する議決権が相殺されて、両社の支配従属関係は消えます。

両社はいわば、互いが相手の喉元に刀《やいば》を突きつけながら、20年以上にわたり危うい均衡を保ってきました。親が一方的に子会社株を保有するといった通常の親子関係ではないところが、ルノー・日産の関係を複雑にしているのです。

1998年のルノーの出資額は約7000億円でした。それから20年の間にルノーが受け取った配当総額と株式の売却収入を足せば1兆円を軽く超えます。ルノーの稼ぎの半分は日産がたたき出してきました。ルノーにとり日産は良い買い物でしたが、日産にすれば自動車メーカーとしては規模も小さく、技術力も劣るルノーにいいように使われることへの不満が内部でうっ積していました。日産内部に、資本の論理による植民地化に反発し、ルノーからの「独立(自立)」を望む意見があったのはこうした事情があったからです。

ただ不思議なのは、子会社の日産になぜ、「独立」を求める大義名分があるかです。日産社内に渦巻く独立願望を託された西川社長ですが、本来、西川氏も大株主のルノーからの負託を受けて取締役に選任されたのに、やっていることは独立を目指した改革です。ルノーと絶縁したがっていると勘ぐられてもおかしくありません。

日産経営陣のこうした矛盾に厳しい目を向けるのは上智大学のスティーヴン・ギブンズ教授です。

「日産はゴーン改革により再建を果たして自信を取り戻した結果、ルノーとの不平等関係に不満を抱くようになった。『独裁者のゴーンの下で働くのは嫌だ。対等でフェアな関係に戻して自立したい』という気持ちは理解できるが、日本の裁量を広げたいがゆえの発想が先に立って株主全体の利益を必ずしも考慮していない」と指摘します。

持ち株会社方式に日産は反対

日産株主の不満を解消する最も手っ取り早い方法は会社同士が一緒になることです。ゴーン氏は、西川氏と水面下で持ち株会社方式によって日産、三菱自動車（日産が34％出資）、ルノーの3社をぶら下げる経営統合計画を進めていたことをインタビューで明らかにしています。

ギブンズ教授は「3社の株主が一本化されて利害関係が一致するからそれなりの合理性はある」と評価します。持ち株会社方式なら、3社の時価総額に応じて持ち株会社の株式が

3社の株主にそれぞれ割り当てられ、ある程度の公平性が担保されるからです。

東大の田中教授は、「現状の持ち株比率ではフランス政府がルノーを通じて日産を直接支配できる。統合後はフランス政府の出資比率が下がるから、今の不安定な資本関係と比べれば、日産株主の利益が増えるので悪い話ではない」と指摘します。

それでも「独立」の方がいいと日産経営陣が考えるのなら、「独立」がより少数株主の利益になることを説得的に示さなければならないでしょう。

日産の経営陣が経営統合に終始、消極的なのは、持ち株会社の役員が日本人ではなくルノー出身者を中心とした外国人で固められると、日産や三菱自動車の独自の戦略や方向性と齟齬《そご》をきたすおそれがあるためです。これまで日産という会社の「器」があったから、かろうじて保たれてきた「経営の独立性」まで奪われかねません。

遠藤元一弁護士は、「持ち株会社方式による統合は、持ち株会社が指導力を発揮しつつ、3社の自主性をどれだけ認めるかのバランス感覚が重要になる」と指摘します。これが困難だったから、絶対権力者だったゴーン氏ですら統合交渉を性急には進められなかったのでしょう。

西川氏も報酬疑惑で辞任

両社の資本関係をめぐる争いは、日産・ルノーの急激な収益悪化とともに下火になりました。日産の業績はゴーン氏逮捕の前から下降線をたどっていました。理由はゴーン元会長の下で進めた拡大路線の失敗によるものです。新興国で生産能力を高めたものの、工場の稼働率が低迷。主力の北米市場でこれを補おうと、無理な値引き販売を続けた結果、ブランド価値まで下げる悪循環に陥りました。

事態を打開すべく、2019年7月、西川社長は北米戦略の見直しや過剰生産能力を解消するリストラ策を発表。世界で1万2500人の人員を削減するとともに、工場の能力削減によって生産能力を2023年までにそれまでの年間720万台から1割カットの660万台に引き下げる計画を打ち出しました（翌2020年5月の新中期計画で削減数をさらに上積みし、540万台に下方修正）。

ところがリストラ策を発表した2カ月後に、今度は西川社長にゴーン氏と同じ報酬不正取得の疑惑が生じ、引責辞任に追い込まれます。透明・公正なガバナンス体制づくりを着々と進めていた西川氏ですが、今度は自分がその新しい統治メカニズムによって引導を渡されたのは因果でした。

西川氏の疑惑は、株価に連動して報酬を受け取れる権利「ストック・アプリシエーション・ライト（SAR）」の行使日を約1週間ずらし、本来の支給額よりも4700万円多く、報酬を受け取っていたというものです。

当初、日産側はゴーン氏との違いを強調することで事態を収拾できると考えていました。ゴーン氏はSARで億単位の報酬を不正に上乗せして受け取っていたのにそれを有価証券報告書に記載していなかったとされます。これに対し西川氏は誰かに不正を指示するなど意図的なものではなく、単なる事務的ミスを犯したとの整理でした。しかし、このスキャンダルを月刊誌で告発した元外国人役員への事情聴取もないまま、問題なしとして強引に幕引きを図ろうとしたのは無理がありました。

2019年9月に開かれた日産の取締役会では、取締役11人のうち7人を占める社外取締役が中心になって西川氏に辞任を迫りました。社内からの突き上げではなく、社外者が主導してトップ交代が決まるというのは、社長が後継者を決める慣行が長く続いてきた日

図表5-2　ゴーン元会長と日産をめぐる動き

2018年11月	東京地検特捜部がゴーン氏を金商法違反の疑いで逮捕
	日産取締役会が全会一致でゴーン会長を解任
12月	元会長を会社法違反（横領）の疑いでも逮捕
2019年3月	元会長が保釈される
4月	臨時株主総会で元会長を取締役からも解任
	特捜部が4つの事件で起訴

本企業では異例のことです。西川氏は辞任を受け入れ、指名委員会が後継者としてのちに社長指名したのは専務執行役員の内田誠氏でした。

日産・ルノーの苦境はさらに続きます。２０２０年初頭に始まった新型コロナウイルス禍による世界的な販売不振で日産の２０２０年３月期は連結最終損益が６７１２億円の赤字に転落。三菱自動車も同じく２５７億円の最終赤字になりました。ルノーも２０２０年１～６月期の最終損益が約73億ユーロ（約９０００億円）の赤字となり総崩れです。

自動車業界は自動運転やシェアリング、電

動化など「百年に一度」とされる変革期を迎えています。3社連合は目先の出血を止めることに必死でライバルの背中は遠ざかるばかりです。

3社が相互の工場を活用して生産能力を需要に見合うように柔軟に削減すれば、生産性や収益力は上がるのに、どの工場を閉鎖・休止するかを決める司令塔は不在のまま。ゴーン氏というカリスマがいなくなって2年以上経つのに、3社連合は明確なリーダーシップを未だ確立できておらず、世界市場で戦線縮小を余儀なくされています。

業績悪化で統合構想棚上げ

2020年5月、3社は経営統合構想をいったん棚上げし、新たなアライアンス戦略を発表しました。それによると、3社はそれぞれの独立性を維持したまま、研究開発テーマや販売地域をすみ分け、新技術を融通し合うという内容です。オンラインで記者会見したルノーのジャンドミニク・スナール会長は、経営統合一辺倒の姿勢を一変させ、「統合は必要ない。提携の強みを発揮して結果を出していく」と説明しました。

不和の原因だった統合構想をいったん封印し、業績回復を優先させた形です。しかし、見る人が見れば、これは資本関係のない自動車メーカー同士でも行う「業務提携」レベルの協力関係にすぎません。車台の共通化などにより、新車の開発費を最大4割減らすとしましたが、目標時期すら設定していません。こうした施策で本当に業績改善に役立つか不透明で、むしろ「お荷物」となり始めた日産との資本関係解消をルノーが視野に入れたと見る向きもあります。

不安定な関係はそう長くは続けられません。支配株主の壟断《ろうだん》を許さないガバナンス体制の確立は日産が引き続き取り組むべき重要課題ですが、「対等な関係」にアライアンスを組み替えるという日産の最終的な願望を、資本の論理にモノを言わせるルノーが簡単に飲むはずがない。統合か、まったく別の道を歩むか。日産とルノーはいずれ大きな決断を迫られると予想されます。

エピローグ

「脱株主主権」と日本

日本で株主の関与を強くするコーポレートガバナンス改革が進むなか、欧米では新しいうねりが起こり始めました。世界の機関投資家が投資先企業の選定にあたり、従業員の待遇や地球環境問題への対応といった非財務的要素に着目し始めたのです。背景には格差問題やグローバル資本主義への懐疑が広がっていることがあります。

労働関連の情報開示を求める投資家連合「ワークフォース・ディスクロージャー・イニシアチブ（ＷＤＩ）」は世界の大企業５００社の雇用実態を調査し、企業の評価に役立てています。２０１８年調査ではトヨタ自動車やソニー、ＮＴＴなど日本企業12社が含まれました。

ＷＤＩは社会的責任投資を促す非営利組織の「シェアアクション」を中心に１１０以上の機関投資家が参加し、運用資産の合計は13兆ドル（約１４２０兆円）を超えます。企業に対し、サプライチェーン（供給網）も含めた従業員に関する人権、安全、健康などについての情報開示と積極的な取り組みを求めました。

従業員の待遇に目を向けるのは、人権侵害の防止や労働環境の整備が企業の持続的成長に欠かせないとの考えからです。

図表E-1　英国版ガバナンス・コードの主な改定ポイント

1. 従業員から指名された取締役の選任
2. 正式な従業員諮問委員会の設置
3. 従業員と対話する非業務執行取締役の選任

注：上場企業は3つのうち最低1つを選択しなければならない

伝統的に株主利益の保護に力を入れてきた英国でも2018年にコーポレートガバナンス・コードが全面改定され、従来の株主価値の向上を目的とする構成から、企業の持続的な成長とそのための企業文化の醸成、従業員など他のステークホルダー（利害関係者）とのエンゲージメント（対話）などを重視する構成に切り替えられました。

一番の目玉は従業員エンゲージメントとして従業員の経営参加を求めたことです。①従業員代表の取締役を選任、②「従業員諮問委員会」の設置、③従業員担当の非業務執行取締役の選任――のうち最低1つの実施を上場企業に義務付け、2020年から適用が始まりました。

株主と経営者の間の利益相反、すなわちエージェンシー問題をいかに解決し、株主利益を最大化するかが「狭義のガバナンス」の目的であるとしたら、株主に限定せずに広く、従業員や取引先、地域、地球環境などすべてのステークホルダーへの貢献を目指す「ステークホルダー資本主義」が世界で台頭してきたのです。

東大の田中亘教授はこうした機運が海外で起こってきたのは不思議ではないと言います。「従業員は株主にとって収益を生んでくれる金の卵。従業員重視と株主重視の経営は矛盾しない」。

様々なステークホルダーに目配りした上で株主全体の利益を図る立場は「洗練された株主価値最大化論」とも呼ばれます。WDIが従業員を重視するのは、投資家のショートターミズム（短期志向）への批判に対し、人的資本の蓄積が長期的には株主にもプラスになると投資家が考えていることを示唆しています。

従業員重視、米国でも

株主こそ一元的な統治の主役であるとしてきた米国でも株主第一主義を見直す動きがあります。2020年の米大統領選の民主党候補選びに立候補したエリザベス・ウォーレン上院議員は2018年夏に「アカウンタブル・キャピタリズム・アクト（社会的責任ある資本主義法）」と呼ぶ法案を議会に提出して話題になりました。

株主価値の向上を最重要目的としていた従来の米国のガバナンスモデルとは異なり、すべてのステークホルダーの利益を考慮することを目的に、大企業の取締役会メンバーの4割を従業員代表にすることなどを求めました。

従業員代表を取締役会に送り込み、株主利益偏重を是正することを目指した取り組みには前例があります。その先駆けは1970年代の社会活動家、ラルフ・ネーダー氏による連邦会社法の制定を目指した草の根運動でした。しかし、従業員福祉の向上や環境保護などに目配りしたこの大衆運動は、米国社会で広範な支持を得られませんでした。

明治大学の柿崎環教授（会社法）は「ステークホルダー重視がガバナンスの方法論とし

て詰め切れていなかった」と指摘します。

当時の社会運動は大企業の不正抑止や利益の適正配分を目指した社会民主主義的な動機がそもそもありました。ウォーレン議員の「社会的責任ある資本主義法」では、投資家の行き過ぎたショートターミズムへの対策という新たな問題意識をもって提起されていますが、ラルフ・ネーダー氏と同じ壁にぶつかる可能性があります。

ただ状況的に当時とはっきり違うのは、冒頭で触れたWDIのように、企業に資金を供給する投資家・株主自身がステークホルダー重視にシフトしている点です。

世界最大の機関投資家であるブラックロックのラリー・フィンク会長兼最高経営責任者（CEO）は毎年初めに世界の大企業のCEOに書簡を送ります。2018年の書簡では「企業が継続的に発展していくために、企業は良好な業績のみならず、社会にいかに貢献していくかを示さなければならない。企業が株主、従業員、顧客、地域社会を含め、すべてのステークホルダーに恩恵をもたらす存在であることが、社会からの要請として高まっている」とし、企業の目的（パーパス）の再定義の必要を説きました。

ブラックロックの運用資産は総額約8兆ドルと資産運用会社で世界最大です。3大パッシブファンドのバンガード、ステートストリート、ブラックロックで米国の代表的株価指数であるS&P500の2割の株を保有しています。

パッシブファンドはアクティブ運用(特定の上場企業に対して集中的な株式投資を行う)とは異なり、株価指数に連動した運用が特徴。指数との連動性を確保するために、そう頻繁には銘柄を入れ替えないので株式市場でのシェアが高まると、気候変動や環境破壊など市場全体に関わるシステマティック・リスクの影響をもろに受けます。

いわばどこにも「逃げ場がない」から、「物を言わぬ株主」だったパッシブファンドが物言う株主に変わった事情があります。

2020年の書簡では従業員エンゲージメントや企業倫理、気候変動への取り組みを求めました。「こうした体制を整えている企業が持続的成長を実現し、投資家に長期的なリターンを保証することにつながる」とフィンクCEOは説明します。現状の資本主義システムのどこかのパーツを修正しなければいけないという問題意識が投資家の間にも広がってきたのです。

ビジネス・ラウンドテーブルの変心

こうしたなか、米経営者団体の「ビジネス・ラウンドテーブル」は2019年8月、「企業の目的を再定義し、顧客や地域社会などすべてのステークホルダーを重視しなければならない」と宣言しました。経営者は株主第一主義ではなく、顧客、従業員に利益をもたらし、地域社会にも貢献し、企業倫理などを含めた多様な社会的責任に合致した行動をとるべきだというのです。

2020年1月の世界経済フォーラム（ダボス会議）でも「株主の短期志向に振り回される株主主権主義は今後の経済社会においてはもはや持続的な仕組みではあり得ない」として多元的なステークホルダー論を採択しました。

しかし、ビジネス・ラウンドテーブルの「改心」は割り引いて考える必要があります。ステークホルダー重視と言いながら抽象論の域を出ず、格差の象徴である高額役員報酬について経営者が自分の報酬を削減したとか、利益の配分を見直したといった話はついぞ聞かれません。

「世間の批判を避けるためのポーズにすぎない可能性がある」と、企業統治推進機構の佃秀昭社長は指摘します。

コロナショック前の米国では、社債発行で得た資金で巨額の自社株買いを行うなど、過度の株主還元が目立ちました。節税目的のために意図的に会社を債務超過にしてまで株主還元にのめり込む経営者がいたのは、株価上昇にスライドして経営者報酬が上がる仕組みがあったからです。

「株主第一主義に原因があるのではなく、経営者のビヘイビア（行動）の問題であり、報酬ガバナンスが適切に機能していなかった」と佃氏は指摘します。現状を見る限り、「株主第一主義からの脱却」は、従業員など他のステークホルダーの不満をかわすための経営者の単なる政治的動きにすぎないと言えるでしょう。

むしろ、ステークホルダー重視をにわかに言い出したのは、従業員の技能や士気を高めたりすることで、長期的に企業の収益性や株主利益に資することを意図していると解釈することもできます。それならば先ほどのブラックロックのフィンクCEOの考え方とそれほど隔たってはいません。

株主価値の最大化を追求することは他のステークホルダーを犠牲にするものではありません。米国でもビジネス・ラウンドテーブルの宣言を契機に、ステークホルダー重視か株主重視かをめぐる論争が起きましたが、米国の実証研究によると、「ステークホルダー重視を志向すればするほど、株主価値を含めた企業の価値が毀損される」という結果が出ているそうです。

そもそも投資家・株主の評価を測る一般的に合意された基準としては株価があるのに、すべてのステークホルダーの評価を知る方法など、現実にどこにも存在しない。「方法論として詰め切れていない」（明治大の柿崎教授）ところが依然、ステークホルダー資本主義の弱いところです。

コロナで反株主主権強まる

２０２０年に起きた新型コロナウイルスの感染拡大に伴う世界経済の混乱で、過剰な株主還元で手持ち資金が少なかった米国企業の多くが経営に行き詰まりました。日本の経営者には、「それ見たことか。欧米流の株主主権主義は資本主義をダメにする」とか「キャッシュ・イズ・キング（現金は王様）」などと、株主還元に偏った米国資本主義を批判し、余剰資金をため込む日本型経営を擁護する意見が出ました。

経営環境が不確実性を増し、手元資金の重要性が見直される局面ではこうした意見は説得力をもって聞こえます。

しかしこうした反株主主権的な意見には賛成できません。なぜなら、欧米の企業統治改革は、株主の意向を受けた経営者による過度のリスクテイクや近視眼的経営が、社会の不平等を生んだという問題意識からそもそも出発しているのに対し、多くの日本企業では従業員や取引先の利害が優先され、株主の利益をないがしろにしてきた長い歴史があるからです。

日本では引き続き、株主主権の強化により企業の「稼ぐ力」を高めることを追求することが優先されるべきだと思います。

資本と労働の関係変わる

アベノミクスのガバナンス改革に呼応するように始まったのが働き方改革です。大手広告代理店、電通の女性社員が過労を苦に自殺した事件などをきっかけにして企業の働き方改革が本格化し、従業員の高い忠誠心や長時間労働を前提としてきた日本の古い労務慣行が崩れ始めました。2020年のコロナショックを受けたテレワーク(在宅勤務)の広がりもこうした流れに拍車をかけました。

法制度的にも年次有給休暇の取得を義務付けた改正労働基準法が2019年に施行され、2020年には同一労働同一賃金制度も始まりました。格差批判から株主第一主義を見直す議論が始まった米欧とは背景や事情が違いますが、日本も同じ方向に動き出しているのはあながち偶然ではありません。

それはガバナンス改革が「資本の改革」だとすれば、働き方は「労働の改革」という側面があるからです。

米ハーバード大学のマーク・ロウ教授は一国の企業統治を左右する要因として政治の働きに目を向けています。教授は著書*Political Determinants of Corporate Governance*(『企業統治の政治的決定因』)で次のように述べています。

政治は3つの要素（株式所有、経営、雇用）のひとつを決定することによって、残りの要素をも決定づけることができる。なぜなら、これらの基本要素は、あたかもジグソーパズルのピースのように補完物として適合し合っているからである。つまり、政治的に必要とされる雇用の要素は、限られた種類の経営の要素との間でしか十分に機能し得ないのだ。

ロウ教授のこの主張を理解することは直感的にそう難しくないでしょう。経済成長は資本と労働という2つの生産要素にかかっています。そして、資本（株式所有）と労働（雇用）は国民経済の中で一つの生態系（エコシステム）を形成し、経営者（経営）は資本と労働の間で立ち回るプレーヤーです。ガバナンス改革によって資本という生態系の片割れが変われば、労働も無傷ではいられません。

日本企業の資本と労働の基本パターンは戦後になって生まれました。それはメインバンク制＋株式持ち合い＋長期（終身）雇用の3点セットです。この3つが敵対的買収者から経営者や企業を守る盾となり、そのお返しとして経営者は従業員や銀行などの取引先との関係を重視し、株主を後回しにしてきました。

過去の日本の企業統治が、資金（融資）の拠出者であるメインバンクが企業を監視する「デット（債権者）ガバナンス」だったとしたら、現在進行中のガバナンス改革は、資本の拠出者である株主が経営者を監視する「エクイティ（株主資本）ガバナンス」へのチェンジと見ることができます。ガバナンス改革と時を同じくして復活したアクティビズムはその象徴です。

日本的雇用システムの黄昏

株式会社において資本と労働の協働は欠かせませんが、今やガバナンスの主たる担い手となった株主からすれば、企業利益とは違う動機をもつ内部者（労働者）は時に目障りと映ります。上場企業での経営経験のある社外取締役は、「終身雇用、年功序列で守られた日本型組織の上に、欧米流の株主代表の社外取締役が乗っかっているという構図はどこか違和感を覚える」と本音を漏らします。

終身雇用は高度成長期の人手不足の時代に形成された社会規範であり、解雇要件を厳しくした判例の積み重ねによって、余剰人員の整理を著しく困難にしました。しかし、グローバル競争の激化を背景に2020年の春季労使交渉では、財界の重鎮が相次いで終身雇用の限界を口にするようになりました。「資本」が変化すれば「労働」も否応なく変わらざるを得ません。

2018年成立の働き方改革関連法では、労働の多様性やワークライフバランス（仕事と生活の両立）が明記され、日本的雇用慣行からの脱却を図る方向が示されました。

「日本は解雇規制が厳しい国だが、ガバナンス改革の当然の帰結として将来は、金銭による解雇を認めて人材が多様に流動する米国型の社会になる」と、経済学者の池田信夫氏は大胆に予測します。

終身雇用で人材の流動性がない世界と、雇用の流動化が進んでいる世界では、企業の買収や事業再編に対する経営者や従業員の意識も変わってきます。敵対的買収を日本の経営者や従業員が嫌がることが多いのは、雇用が不安定になるからです。

米国のような流動的な労働市場ができれば、そのショックを和らげることができる。資本と労働の組み合わせが変われば、経営者や従業員の会社に対する意識も相当変わってく

**図表E-2　企業の概念が大きく変わろうとしている
ウィズコロナ時代の働き方**

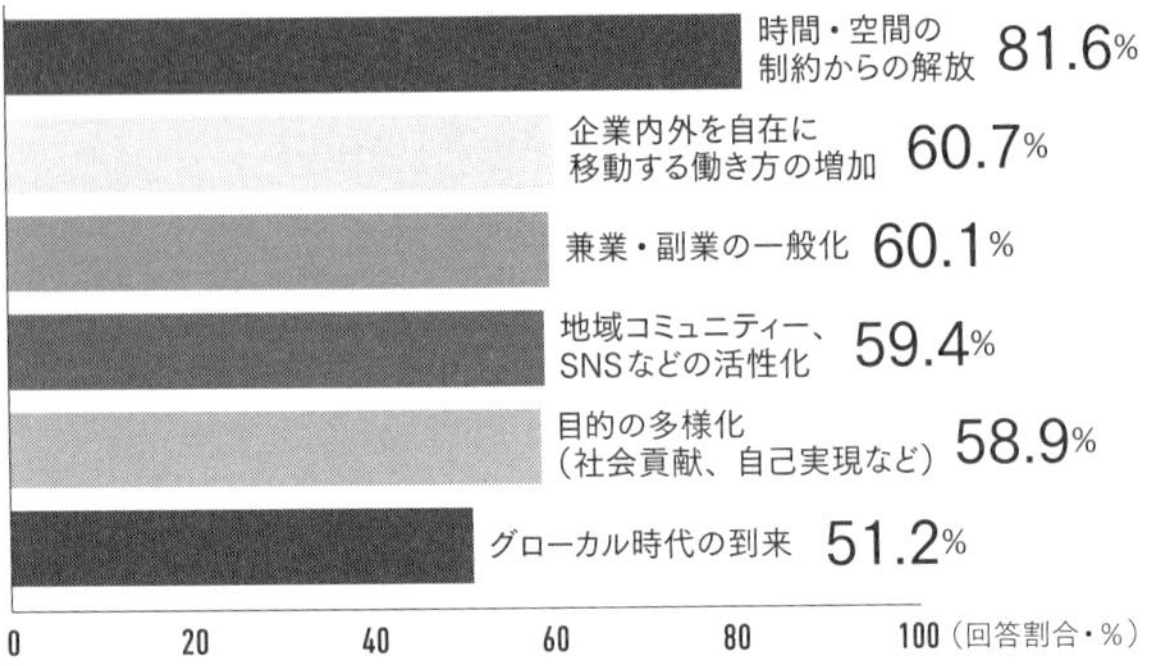

出所：プロフェッショナル＆パラレルキャリア・フリーランス協会の調査を基に経産省が作成
注：「アフターコロナの世の中では、働き方はどのような方向に進むと思うか」の質問に対し、「進むと思う」と回答した人の割合

るはずです。

自由に生き生きと働ける社会を

折しも従業員の副業・兼業を認める大企業が増え始め、「新しい働き方」としてメディアでも盛んに取り上げられるようになりました。

「これからの労働社会は、ジョブ（仕事）が個々のタスクに細分化され、労働力の切り売りが頻繁になる。ギグワーカーの台頭はその象徴的な動き」と、独立行政法人労働政策研究・研修機構の濱口桂一郎所長は指摘します。ネット社会への急速な移行を背景に、終身雇用、年功序列、企業別組合を三本柱とする日本的雇用システムが内側から崩れ始めてきたのです。

日本の経営者は「雇用重視」の傾向が強いとよく言われますが、本当に従業員がその言葉通り処遇されているか、いささか疑問なところもあります。内閣府の調査によると、日本人の仕事への満足度は5割を切り、7〜8割が「満足」と答える欧米主要国と大きな差があります。

多くの国際調査でも日本は常に従業員満足度が低い数値が出ています。これまで日本の経営者は株主価値より従業員を重視すると言われ、従業員の会社への忠誠心を誇らしげに自慢するトップがいました。しかし日本人の低い仕事満足度を見せられれば、「国際的にその言説は通用しない」（東大の田中教授）。

会社共同体的な「雇用重視」は単に、日本では十分な事業機会がないのに、解雇規制に縛られて人を簡単には切れない現実を、オブラートに包んで表現しただけにすぎない側面があります。従業員も流動的な労働市場がないなか、内心は不満を抱きながらも会社に居続けている可能性があります。それが仕事満足度の低さとなって表れているのでしょう。

東大の柳川範之教授は日本的雇用システムが早晩維持できなくなるとして2010年代

の初頭から「40歳定年制」を唱えてきました。40歳定年制というのは、いくつになっても活躍できるよう、必要な知識や能力をいつでも誰もが身につけられるように40歳でいったん会社との関係に区切りをつけ、多様な雇用契約により人々が自由に働く社会を目指しています。

60歳の定年までずっと会社にしがみつくという伝統的な働き方は想定されていません。「日本には雇用と資本の新しいバランスが必要だ」と柳川教授は主張します。このリバランスは、新型コロナウイルス感染症拡大による社会や従業員の就業意識の変化にも対応しないといけないのは言うまでもありません。

2020年9月に安倍晋三氏が病気療養を理由に首相を退きましたが、後継の菅義偉首相はアベノミクスの大枠を維持する方針を示しています。企業の稼ぐ力を高めるために、さらなる変革を経営者に迫り続けるでしょう。ただ、コロナ後の経済社会の変化を見据えると、これからは人財開発も含めた持続可能性(サステナビリティー)や多様性(ダイバーシティ)といったテーマがガバナンス上、重要になってきます。日本が目指すべきコーポレートガバナンスは、株主利益偏重の欧米モデルへの単なる収斂であってはなりません。

過去の日本の企業統治の仕組みは、欧米の株主中心のシステムがもたらせないような数々の利点を生み出してきました。長期雇用がもたらす従業員と経営者の連帯意識や、長期的視野に立った経営などです。

日本のガバナンス改革に真に必要なことは、短期志向の罠に陥るのを避けつつ、低収益、株主軽視、リスク回避といった課題を克服することです。ガバナンス改革は「お上」主導で政府から要請される形で進みましたが、企業風土の根幹に関わる働き方改革は民間の主体的な取り組みなしには実現しません。日本をより豊かな国にするために、英知を結集して、資本と労働が協働する新しいパラダイム（規範）を構築する時期に来ています。

著者略歴

木ノ内 敏久（きのうち・としひさ）

日本経済新聞社 シニアライター

1989年に日本経済新聞社入社。編集局産業部、経済解説部、日本経済研究センター研究員、長崎支局長などを経て現職。専門は企業統治、ダイバーシティなどの経営論、表象メディア論。主な著書に『仮想通貨とブロックチェーン』（日経文庫）、『H.I.S. 澤田秀雄の「稼ぐ観光」経営学』（イースト新書）ほか。

日経文庫 1430

日本企業のガバナンス改革

2020年12月9日　1版1刷

著者　木ノ内 敏久
発行者　白石 賢
発　行　日経BP
日本経済新聞出版本部
発　売　日経BPマーケティング
〒105-8308　東京都港区虎ノ門4-3-12

装幀　野網雄太
組版　マーリンクレイン
印刷・製本　三松堂

 ISBN978-4-532-11430-5